『古事記』成立の謎を探る

大和岩雄

大和書房

はじめに

一九七五年に刊行した『古事記成立考——日本最古の古典への疑問——』、二〇〇九年に刊行した『新版・古事記成立考』で、私は太安万侶が和銅五年（七一二）正月二十八日に、元明天皇に献上したと書く序文は、弘仁年間（八一〇〜八二四）に多（太）人長が偽作したと推論した。しかし現存『古事記』の本文は表記や内容の一部が改められたり、加筆されているが、大部分は天武・持統朝の内廷（後の「後宮」）で編纂された、現存するわが国最古の古典と主張してきた（わが国最古の古典だが、二〇一二年を現存『古事記』成立一三〇〇年とする見解は採らない）。

以上のような見解を前著で述べた。そして『新版・古事記成立考』では、「現存『古事記』を世に出した理由」と題する章で、その理由について詳細に述べた。しかし序文のない『古事記』がなぜ世に出ず、オホ（太・多）氏の家にあったかについては、漠然と書くだけであった。前著（『新版・古事記成立考』）を刊行して三年たって、天武・持統朝の内廷で編纂された『古事記《ふることふみ》』が、世に出なかったことと、その『古事記』がオホ（太・多）氏の家にあったことについて、その理由が明らかになったので、本書を刊行することにした（理由は第五章で詳述する）。

また、昨年は『古事記』成立一三〇〇年と称して、さまざまな『古事記』に関する刊行物が出版された。そうした刊行物で、太安万侶の墓誌が出土したことや、『万葉集』に『古事記』引用の歌が載ることをもって、序文の記述は正しいという見解が相変らず主張されているが、墓誌の出土は太安万侶の実在の証明になっても、『古事記』を撰上した証明にはならない。また『万葉集』の『古事記』引用の歌は、異本『古事記』からの引用であることを、拙著で証した（『古事記《ふることふみ》』は普通名詞で固有名詞ではないから、さまざまな『古事記』があったことは、拙著で詳述した）。しかし、このような見解が、相変らず主張されていることも、本書を刊行する理由である（この墓誌と『万葉集』記載の『古事記』については、第三章・第四章で述べる）。

以上述べた理由を明らかにするために、前著では書かなかった具体的な問題を、第一章・第二章で述べる。序文のない原『古事記』は、持統天皇が「孫」の軽皇子を皇位につけるために利用し、目的を達したので、一部の人に読まれただけで、公開されなかった。理由は持統朝から『日本書紀』の編纂が開始されたからだが、第一章・第二章では、前著で述べなかった事例を、写真・図で示し、天武・持統朝の内廷（後の「後宮」）で、『古事記』が編纂された理由を明らかにした。

以上、本書の執筆理由と内容紹介を、「はじめに」記す。

［付記］

以上の序文を書いた初校のゲラ刷が昨年十二月末に出た時、上田正昭著『私の日本古代史（下）』が刊行され、トップに「『古事記』は偽書か」が載っていた。その論考を読んでの反論を「付章」として第六章を加えた。

現存『古事記』は日本最古の古典だが、序文をストレートに信用してしまっては、真実を見誤る。

『古事記』成立の謎を探る　目次

はじめに――1

第一章 天孫降臨神話が示す『古事記』の成立

『古事記』と『書紀』が内容で示す決定的相違――15
『古事記』の成立にかかわる内廷と持統天皇――20
嬰児の天孫が降臨地で一夜婚をする不合理――25
孫に皇位を継承する例は歴史上皆無である――30
降臨した嬰児が「一夜婚」する神話になった理由――34
『懐風藻』に載る日嗣会議の葛野王の発言――39
大津皇子の死と持統十年の会議と藤原不比等――42
柿本人麻呂は軽皇子を「天孫」とは詠まない――48

第二章

天照大御神の実像と『古事記』の成立

三品彰英の『記』『紀』の天孫降臨神話論批判――61
『古事記』の「天照大御神」と「高木神」――66
『古事記』の天皇制神話以前の神の「カムロキ」「カムロミ」――71
『記』の降臨司令神の「高木神」と「柱」信仰――76
インカの遺跡と前原遺跡の太陽祭祀と柱――84
高木神・天照大御神と「カムロキ」「カムロミ」――92
『古事記』の「高御産巣日神」と「高木神」について――100
持統天皇の伊勢行幸と伊勢神宮の祭祀――105
葛野王の「神代以来子孫相承」の発言と持統天皇――110

第三章 太安万侶の墓誌出土と『古事記』の成立

太安万侶墓誌出土直後に読売新聞学芸欄に載せた私稿――117
太安万侶墓誌出土直後毎日新聞学芸欄に載せた私稿――121
太安万侶墓誌出土直後に雑誌に発表した私の論考――126
太安万侶の墓誌出土と序文身分証明書説――130
序文は自ら発行した「身分証明書」説批判――135
序文偽作説がイコール本文偽作説ではない――141
『記』が書く太(多)氏同族の信濃国造について――146
墓誌や序文の記事で和銅五年成立を実証できない――149

第四章 現存『古事記』以外の『古事記』の存在

現存『古事記』以外にある『古事記』の存在――157

『琴歌譜』記載の『一古事記』と『日本古事記』——164
異本『古事記』の存在と『先代旧事本紀』——168
『万葉集』九〇番歌は現存『古事記』からの引用か(一)——172
『万葉集』九〇番歌は現存『古事記』からの引用か(二)——177
『万葉集』に載る『古事記』引用の歌について——180
大伴家持と太徳足理・多人長と原『古事記』——185
序文をとれば『古事記』はわが国最古の古典——190

第五章 序文になぜ稗田阿礼が登場するのか

序文に登場する稗田阿礼と松本清張説——199
稗田阿礼が実存の人物でないことを示す実証——204
折口信夫の「稗田阿礼」についての見解——209
「稗田阿礼」の「稗田」とオホ氏・多神社——213
伊勢のオホ氏と稗田氏・猿女氏・荒木田氏——218

なぜ誦習者の「稗田」の名が「阿礼」なのか――223
「稗田阿礼」男性説・女性説の見解について――228
「稗田」の猿女君と「オホ氏」と神楽と『古事記』――232
持統朝に編纂された原『古事記』と多品治――237

第六章 上田正昭「『古事記』は偽書か」批判

現存『古事記』は平安時代の表記を用いている――247
序文の成立年を否定する歌謡表記の新しさ――251
平安朝初期の清濁表記のある現存『古事記』――256
太安万侶を特異な人物にする言語学上の問題――260
『記』の仮名表記は『紀』と合わず『万葉集』と合う――263
現存『古事記』に載る上代特殊仮名遣をめぐって――267
『記』の上代特殊仮名遣の私見批判と反論――272
坂垣俊一・西宮一民の『古事記』の上代特殊仮名遣論――276

上田正昭の『記』序文偽作説批判について——279
太安万侶は『古事記』編纂の「文人学者」ではない——282
『弘仁私記』序の『古事記』の記事をめぐって——287
古事記学者神田秀夫の『古事記』序文偽書説——292
序文を無視すれば『古事記』は最古の古典——295
原『古事記』の存在を主張する諸説と現存『古事記』——299
注——308
あとがき——316

第一章

天孫降臨神話が示す『古事記』の成立

『古事記』と『書紀』が内容で示す決定的相違

一九七五年刊の『古事記成立考』、二〇〇九年刊の『新版・古事記成立考』で書かなかったことを書く。私見は現存『古事記』の序文は太安万侶でなく曽孫の多（太）人長が書いているが、本文は天武・持統朝の内廷（後宮）で成立した『古事記《ふることふみ》』であることを論証し（現存『古事記』の表記や本文の一部に改変・加筆があるが）、日本最古の古典であることを主張した。しかし前著の二冊では書かなかったこと（主に天孫降臨神話について）と、前著刊行後も、太安万侶の墓誌出土で安万侶が『古事記』を書いたことが証されたとか、『万葉集』の九〇番歌の『古事記』は現存『古事記』のことだとする意見があるので、そのような見解の反論も含め、降臨の司令神のアマテラスやタカミムスビの実像を示し、現存『古事記』は持統朝でまとめられたが、世に公式に刊行されなかった理由を四章に分けて書き、序文になぜ稗田阿礼という誦習者が登場したかについてを第五章で述べる。

『古事記成立考』で私は、「『古事記』独自記事からみた『古事記』の性格と関係氏族」と題して、次のように書いた。

『日本書紀』には載っていなくて、『古事記』だけに載っている記事を検討してみると、『古事記』が女性の立場で書かれていること、特に、巫女性と母性の両面が色濃く反映した女性的性格が、『古事記』の特徴であることがわかる。そして、巫女性は稗田という姓に示されており、母性は阿礼という名に象徴されており、稗田阿礼という人物の創作は、『古事記』の性格を暗示するために作られたと考えられる。また、『古事記』関係氏族のオホ氏、猿女氏、鴨氏、秦氏らは、巫女性の強い氏族であり、同じ『古事記』関係氏族のワニ氏、息長氏、尾張氏ら皇妃出自氏族は、母性の面が強いが、息長氏系譜の検討から、原『古事記』の最初の草稿は、女帝皇極・斉明朝の内廷で生れ、天武・持統朝の内廷によってまとめられたと考えられる（「後宮」は大宝令後の呼称だから「内廷」と書く）。

　その内廷の『古事記』に平安朝初期に序文をつけ、本文の表記や内容にいくらかの加筆・修正を行って完成したのが、現存『古事記』であろう。このような『古事記』の成立過程から見て、序文がつけられるまでは、内廷の私本的「フルコトフミ」であった。

　このように私は書いたが、『古事記』の説話や歌謡の内容は女性の立場から書かれており、母性のもつ神秘的な力を表現した歌や物語が多い。大国主神の別名のオホアナムヂが八十《やそ》神らに迫害される話では、ヤソ神たちによって殺されたオホアナムヂが再生できたのは、「母の乳汁」をキサカヒヒメ・ウムカヒヒメがオホアナムヂに塗ったためで、再生は母親の力と書いている。この記事は『古事記』のみに載る独自記事である。この神話につづくアシハラシコヲが蛇・呉公《むかで》・蜂の室に入れられたとき、蛇や呉公や蜂の危害を防いだのも、スセリヒメから「授った」女性の使う「比礼」であった。このように母や女の力を力説している。この神話もスセリヒメを嫡妻として得る話の中で書かれているが、『古事記』のみに載る。

また神武天皇の皇后のイスケヨリヒメは、イスケヨリヒメの生んだ長男（神八井耳命、オホ氏らの始祖）、次男（神沼河耳命、綏靖天皇）を、異母兄のタギシヒコが殺そうと謀《はか》っているのを知って、皇子たちに危機を知らせる歌を二つ詠んで、わが子の生命を救っている。この歌物語は前述した「母の乳汁」と同じで、「母の歌」によって子の生命を救った話であり、これらの話はすべて『古事記』の独自説話である。

『古事記』には、母または女の力で生命を救う話を、神話だけでなく天皇記にも書いている。『古事記』のヤマトタケル物語には、ヤマトタケルが熊襲征討に向う時、姨のヤマトヒメから、「御衣御裳を給はり」西征したと書くが、『日本書紀』にはこのような記述はない。『古事記』は「其の姨の御衣御裳を服して、既に童女の姿になりて」、クマソタケルを討ったと書き、「女（姨）の力」を力説している。またヤマトタケルの東征の時には、ヤマトヒメからタケルは、『古事記』によれば「草那芸剣《くさなぎのつるぎ》を賜ひ、亦御嚢《みふくろ》を賜ひて、『もし急の事有らばこの嚢の口を解きたまへ』」と言ったと書く。姨から賜った草那芸剣については、焼津の原で火にかこまれた時、「先づ御刀を以《も》ちて草を刈りはらひ」と『古事記』は書き、「御刀」が「姨の力」を発揮している。さらに『古事記』は嚢の口を開けて「火打」を出して、「其の火打を以《も》ちて火を打ち出でて、向火《むかへひ》を著《つ》けて」、焼死ぬ寸前の窮地から脱出している。この火打石も剣と共に姨のヤマトヒメから賜っているから、「姨（女）の力」「母の力」に依って生命が助けられた話だが、この『古事記』の記述は『日本書紀』からはすべて欠落している。『日本書紀』にも草薙剣や燧《ひうち》の記述はあるが、燧を姨ヤマトヒメから賜ったことは書いていない。

『古事記』ではヤマトヒメは五回登場するが、『日本書紀』は一回だけである。『古事記』ではヤマトタケルのために役に立つものは、姨ヤマトヒメが授与したものだが、

『日本書紀』は天皇からの下賜であり、姨と天皇では決定的に違う。『日本書紀』は男の天皇の命令で征討に向う皇族将軍の征服譚だが、『古事記』は女の姨ヤマトヒメの霊威譚である。したがって『古事記』ではヤマトタケルはヤマトヒメの前で、「天皇、既《すで》に吾に死ねと思はす所似之《ゆえ》か」と、天皇に対するうらみごとを述べて、「患《うれ》い泣いた」と記している。このように『古事記』と『日本書紀』のタケル物語は、視点が両書では本質的に違う。『記』は女、『紀』は男の立場で書いている。この『記』『紀』の相違を確認せずに『記』『紀』を同次元で論じると本質を見誤る。ヤマトヒメとヤマトタケルの『記』の物語は、母が姨になっている「母子譚」であって、『紀』の単なる「武勇譚」ではないことを知るべきである。

『古事記』の応神天皇記に、母神の伊豆志遠登売《いづしをとめ》神と秋山之下氷壮夫《あきやまのしたひをとこ》と春山之霞壮夫《はるやまのかすみをとこ》の兄弟神の話が載る。兄神はイヅシヲトメを妻にしたかったが、望みを果せなかったので、「おまえは乙女《をとめ》を妻にできるか」と弟神に問うと、弟神は「できる」と言ったので、「もし出来たら多くの産物を進呈する」と兄神は約束した。この話を弟神が母神に伝えると、母神は着物と弓矢を作って、新しい着物を着せ弓矢を持たせて乙女の家に行かせた。この着物と弓矢は乙女の家へ行くと藤の花に変じ、弟神は乙女と結婚できた。そのことを弟神が兄神に伝えると、兄神は腹を立てて多くの産物を進呈するという約束を果さなかったから、弟神はその事を母神に訴えた。すると母神は呪詛の品を作って兄神の所へもって行かせたから、兄神は死にそうになったので、兄神は母神に許しを乞うた。そこで母神は呪詛の品を取り除き、兄神は健康になったという物語である。この記述も『古事記』独自伝承だが、「母の力」を示している。

呪力・霊力を発揮しているのは、「乳汁」「比礼」「歌」「御夜御裳」「火打石」「藤の花」で、すべて女性がかかわった話に登場しており、女の呪力の象徴として『古事記』のみに記されている。このような「フルコトブミ」を、単純に『日本書紀』と並べて『記』『紀』として論じるわけにはいかないのである。

『古事記』の成立にかかわる内廷と持統天皇

天武朝では皇妃出自氏族がかかわる内廷（後宮）が重視されていたことは、『日本書紀』が書く天武天皇の葬儀の時の誄《しのびこと》の奏上の記述からうかがえる。初日（朱鳥元年九月二十七日）の誄のトップは、天武天皇を養育した大海氏による「壬生《みぶ》の事」の奏上で、続いて「諸王」「宮内」「左右の大舎人」「左右の兵衛」「内命婦《うちのひめとね》」「膳職」

の「事」の奏上が行われた。翌日の第二日には「大政官」「法官」「理官」「大蔵」「兵政官」の誄が奏上されている。青木和夫はこの順序について、「天皇氏一家の家政機関」が先に行われ、後から「大和朝廷の公的行政機関」の誄が行われたのは、「前近代的私的機構がまだ天武朝には残存していた」からと書き[1]、橋本達雄も同じ見解を採り[2]、この「私的機構」を「後宮」と書いている。「後宮」という呼称は大宝令の「後宮職員令」以降だから、『日本書紀』の景行・仁徳・継体紀の書く「掖庭《うちつみや》」つまり「内廷」というべきである。伊藤博も天武朝では「公的行政機関（天皇社会）」に対して、「内廷機関（後宮社会）」が「前近代的私的機構」だが、隠然たる勢力を持っていたと書く。したがって「前近代的私的機構」が第一日のトップに壬生の誄がなされたと書く[3]。

私は青木・橋本・伊藤の見解に同調するが、天武朝の「内廷」で君臨していた皇后が、天皇になったので「内廷」の力はさらに強くなった。そのことは第一日目の誄の事に登場する「内命婦」についての『日本書紀』の記事からもいえる。「内命婦」（令制では五位以上の女官）は仁徳紀四十年是歳条以外は、『日本書紀』には天武紀（五年八月二日条・朱鳥元年八月二十七日条）、持統紀（五年正月一日）のみに載る。天武天皇五年条には「皇女・姫王・内命夫等に、食封を給ふ」とあり、朱鳥元年条には采女竺羅が「内命婦の事を誄たてまつる」とあり、持統紀五年条には「内親王・女王・内命婦等に位を賜ふ」とある。食封や位を賜ふ記事が載るのは、天武・持統紀に限られていることとからみても、この王朝が女性を重視していたことを示している。そのことは『古事記』と『日本書紀』の独自歌謡の作者別分類が示している。そのことを整理して示す。

作者身分	『古事記』の歌数	『日本書紀』の歌数
1 天皇	二一	一五
2 后、妃、夫人等	七	四
3 皇太子、皇子	一〇	二
4 同妃、夫人等	八	〇
5 神	二	一
6 同妃	三	二
7 臣	七	一二
8 民	四	一〇
計	六二	四四

まずこの表で明らかなのは歌数全体は『記』は『紀』より多いのに、「臣」「民」の総数は『記』は『紀』の半分である。一方で内廷の人々を詠んだ歌は『記』が圧倒的に多い。皇太子妃・皇子の妃・夫人等を詠んだ歌は『記』は八例あるが、『紀』はゼ

ロであり、神の妃についても『記』は三例載るが『紀』は二例である。このように『古事記』が女性に強くこだわっていることからも、私が天武・持統朝の内廷によって編纂されたと主張する理由である。

倉塚曄子は「斉宮論」で「古事記は女の積極的な関与を許容した。それを許す側面を古事記は本質的に持ち合わせていた」と書いて、「女帝と『日の御子』の思想の深いつながりを傍証する、皇祖神アマテラスの誕生」は、「日の御子と巫女としての母」の姿が原型だが、その皇祖神アマテラスを伊勢神宮に祭ったのは、「持統の力が決定的であった」と書き、さらに倉塚曄子は次のように述べている。

「大君は神にしませば」とか「高光る日の御子」とかうたった作品の多くが、宮廷詩人として持統の意を体して多くの儀礼歌を作った柿本人麻呂の作であることは、女帝と『日の御子』の思想の深いつながりを傍証するものである。この思想がもっとも強まった時期に、自らもそう呼ばれてその血統意識を情緒的にも感受できた持統女帝こそが、皇祖神アマテラスの確立にあずかって力があったのではないか。……皇祖神アマテラスとはかかる女帝が存在した歴史の特異な一時期にいみじくも確立した神格であった。

（中略）

古事記の成立に関し天武に焦点をあわせたなら、持統の存在を忘れすぎているのではないだろうか。天武の治世が持統との共治であったなら、持統は修史事業にも何ほどか意志を反映させていたと考える方が自然であろう。天武殯宮の最終段階における「諸臣各己の先祖等に仕へ奉れる状」「皇祖等の騰極の次第」などの奉誄（持統二年十一月）、主要氏族十八氏に対する墓記上進の詔命（持統五年八月）などにも修史事業との関連がみとめられている。後者は書紀の資料であったらしいが、前者は古事記的なものと結びつく。持統もまた歴史の編纂に積極的な意志をもっていたといえよう。(4)

以上のように倉塚曄子は書いて、『古事記』の成立を論じる時、天武天皇に「焦点」が合せられ、「持統の存在が忘れすぎているのではないだろうか」と書き、「持統女帝こそが、皇祖神アマテラスの確立にあずかって力があったのではないか」と書いている。(4)私は前著の『新版・古事記成立考』で、「持統女帝になる前の天武天皇の皇后の頃に、天武天皇の内廷で女性たちによる『フルコトブミ』（原『古事記』）が作られたとみている。アマテラスの記述も、『日本書紀』は一巻・二巻を神代紀にし、スペースは多いのに、十八例にすぎない。『古事記』はスペースは少ないが、二十九例の記述があるのは、天武天皇の皇后が女神の日神・皇祖神のアマテラスにこだわったことが、原『古事記』に反映しているからであろう。日神・皇祖神が男神でなく女神・母神であることが、そのことを語っている」と書いた。しかし倉塚曄子が天武朝の内廷でなく、持統朝の内廷で『古事記』が成立したと論じているように、持統朝が無視できないので、本書では『新版・古事記成立考』では書かなかった、持統朝と『古事記』の成立を論じる。その焦点は天孫降臨神話である。

嬰児の天孫が降臨地で一夜婚《ひとよまぐはい》をする不合理

『古事記』は天孫降臨神話について次のように書く。

　天照大御神の命《みこと》以ちて、「豊葦原之《とよあしはらの》千《ち》秋長《あきなが》五百《いほ》秋之《あきの》水穂《みずほ》国は、我が御子、正勝《まさかつ》吾《あ》勝《かつ》勝速日《かちはやひ》天忍穂耳命《あめのおしほみみのみこと》の知らす国ぞ」と言よさし賜ひて、天降《あまくだ》したまひき。（傍点は引用者）

この記述の降臨神は「我が御子」であって「孫」ではない。「天子《ひつぎのみこ》」を降臨させようとしたが、葦原中国が「いたくさやぎてありなり」だったから、「天子」を降臨させる前に、葦原中国に建御雷之男神を派遣して平定した神話と書き、平定が終ると、次の記事を書いている。

ここに天照大御神、高木神の命《みこと》以《も》ちて、太子《ひつぎのみこ》正勝吾勝勝速天忍穂耳命《まさかつあかつかちはやあめのおしほみみのみこと》に詔《の》りたまひしく。「今、葦原中国を平《ことむ》け訖《を》へぬと白《もう》せり。故、言依《ことよ》さし賜ひし随《まにま》に、降り坐《ま》して知らしめせ」とのりたまひき。爾《ここ》に其の太子正勝吾勝勝速日天忍穂耳命に答へ白したまひしく。「僕《あ》は降《くだ》らむ装束《よそひ》しつる間に、子生《あ》れ出でつ。名は天《あめ》邇岐志国邇岐志天津日高日子番能邇邇芸《にきしくににきしあまつひこひこほのににぎ》命ぞ。此の子を降すべし」とまをしたまひき。

（中略）

日子番能邇邇芸命に詔科《みことおほ》せて、「此の豊葦原水穂国は、汝《いまし》知らさむ国ぞと言依《ことよ》さし賜ふ。故、命《みこと》の随《まま》に天降《あまくだ》るべし」とのりたまひき。（傍点は引用者）

この記事によれば天忍穂耳命が天降ろうとして、「装束《よそひ》しつる間に」子（太子）が生まれたので、誕生したばかりの孫を天降りさせたと書く。この生れたばかりの嬰児は降臨すると、なぜか木花之佐久夜毘売《このはなのさくやひめ》と「一宿婚《ひとよまぐはい》したまひ」、サクヤヒメは「一宿にて妊《はら》み」、ニニギの子を生んでいる。天子のアメノオシホミミが降臨していれば、この一夜(宿)婚・一夜妊みの記事も説明がつくが、生まれたばかりの嬰児の、一夜婚・一夜孕みは説明がつかない。この事実は本来は天子降臨であったからである。そのことは葦原中国を平定するための神を派遣する会議の時の思金神の発言からもいえる。

「此の葦原中国は、我が御子の知らす国と言依《ことよ》さし賜へりし国なり。故、此の国に道速振《ちはやふ》る荒振《あらふ》る国つ神等《ども》の多在《さはあ》りとおもほす。是《こ》れ何《いづ》れの神を使《つか》はして言趣《ことむ》けむ」とのりたまひき。(傍点引用者)

この記事でも降臨する神については、天照大御神は「我が御子」と言っており、「我が御孫」ではない。またこの会議で葦原中国の平定のため派遣された建御雷之男神も、大国主神に向って、

汝《いまし》が宇志波祁流《うしはける》葦原中国は、我が御子が知らしめる国ぞ　言依《ことよ》さし賜《たま》ひき。故に汝《な》が心は奈何《いか》に……。(傍点引用者)

と言っている。この問に答えて大国主神も、

此の葦原中国は天つ神の御子の命《みこと》の随《まにま》に献《たてまつ》らむ。(傍点引用者)

と言っており、この記事でも降臨神は「御子」であって「御孫」ではないから、本来

の降臨神話は天孫降臨でなく天子降臨だったのである。したがって天子降臨なら、一《ひと》夜婚《よまぐはひ》・一夜孕《ひとよはらみ》の説話も当然なのに、天孫降臨になったから、生まれたばかりの嬰児が、一夜婚を行い、一夜の交《まじ》わりで子をはらませたという、あり得ない説話になってしまったのである。

そのことは『日本書紀』にも見られる。『紀』の第一の一書には次のような記事が載る。

天照大神、思兼神《おもひかね》の妹万幡豊秋津媛命《よろづはたとよあきつひめ》を以ちて、正哉《まさか》吾《あ》勝勝速日天忍穂耳尊《かつかちはやひあめのおしほみみのみこと》に配《あは》せて妃とし、葦原中国に降らしめたまふ。

このように書いて天子の天忍穂耳尊を降臨させようとしたが、葦原中国が乱れていたので、平定のため武甕槌神と経津主神を派遣した。そして平定の報告を受けたので、

天照大神、勅《みことのり》して曰《のたま》はく、「若《も》し然《しか》らば、方《まさ》に吾が児を降《くだ》しまつらむ」とのたまふ。且《まさ》に降りまさむとする間に、皇孫《すめみま》、已《すで》に生れたまふ。号《なづ》けて天津彦彦火瓊瓊杵尊と曰《まを》す。時に奏《まう》すこと有りて曰《のたま》はく、「此の皇孫《すめみま》を以《も》ちて代《か》へて降《くだ》さむと欲《おも》ふ」とのたまふ。

と書いており、『古事記』と同じに「子」を降臨させようとした時に、「孫」が生まれ

たので、孫を子に「代へて降さむと欲ふ」となっている。第二の一書も次のように書く。

高皇産霊尊《たかみむすひ》の女、万幡姫《よろづはた》と号《まを》すを以《も》ちて、天忍穂耳尊に配《あは》せ妃として、降《くだ》らしめたまふ。故、時に虚天《おほぞら》に居《ま》しまして児を生みたまふ。天津彦火瓊瓊杵尊と号《まを》す。因《よ》りて此の皇孫《すめみま》を以《も》ちて、親に代《か》へて降《くだ》らしめむと欲《おもほ》す。故、天児屋命・太玉命と諸部《もろとものを》の神等を以ちて、悉皆《ことごとく》に相授《さづ》けたまふ。且服御之物《またしのもの》、一《もはら》に前に依りて授けたまふ。然《しか》して後に天忍穂耳命、天に復還《かへ》りたまふ。

この記事では天忍穂耳命は葦原中国に降臨しており、高天原に居た妻が子を生んだので、「天に復還《かへ》りたまふ」とある。しかし本文は最初から天孫ニニギの降臨神話にしており、一書の第四・第六も同じである。このように、『記』『紀』は共に初めは天子降臨であったことを明記した伝承を載せていることに、私は注目している。

『紀』の本文は『記』や『紀』の一書の第一・第二と違って、天子でなく最初から天孫降臨であったと書いているが、高天原から葦原中国へ降臨した皇孫については、本文も一夜婚・一夜孕を書いている。この一夜婚・一夜孕は一書の第二・第五にも載っているが、嬰児の皇孫の降臨神話では、一夜婚・一夜孕はまったく不合理である。

孫に皇位を継承する例は歴史上皆無である

岩波書店版の『日本書紀・上』の頭注は、冒頭の「解説」によれば青木和夫が執筆し、井上光貞の監修だが、「第一・第二の一書や『記』は、はじめ天忍穂耳尊を葦原中国に降そうとしたが、国譲りで時を経ているうちに瓊瓊杵尊を降すが、若神の誕生を神聖と観ずる立場からいえば前の方が元の形なのであろう」と書き、小学館版の『日本書紀・一』所収の頭注は、直木孝次郎の頭注だが、降臨神話の本文の記事について、「初めから皇孫を降臨させるが、記では、最初天忍穂耳命の予定を、御子邇邇芸命が生まれたので代って降臨させる。御子聖誕説話としては記の方が原型か」と書いている。なぜ古い「天子降臨」が「天孫降臨神話」に変えられたのか。その原因については「頭注」であるためか、ふれていないが、青木和夫・井上光貞・直木孝次郎も、その後発表した論考でも述べていない。なぜ天子降臨が天孫降臨になったのか。その理由についての考究は『古事記』の成立を論じるために見落すべきではなかったが、私の前著でも欠落していた。

『古事記』の降臨神話が本来の天子降臨神話から天孫降臨神話に変ったのは、持統朝の皇位継承に関連している。『懐風藻』（天平勝宝三年〈七五一〉十一月成立の詩文集）の「葛野《かどの》王伝」に次のようにある（本文は漢文）。

　高市皇子薨《みまか》りて後に、皇太后王公卿士を禁中に引《ひ》きて、日嗣《ひつぎ》を立てむことを謀《はか》らす。時に群臣各《おのがじし》私好《しこう》を挟《はさ》みて衆議《しゅぎ》紛紜《ふんうん》なり。王子進みて奏《まを》して曰《い》はく。「我が国家《みかど》の法と為《な》る、神代より以来、子孫相承《あひう》けて天位を襲《つ》げり。若《も》し兄弟相及ぼさば則ち乱此《これ》より興《おこ》らむ。仰ぎて天心を論《かた》らふに、誰か能《よ》く敢《あ》へて測《はか》らむ。然《しか》すが人事を以《も》ちて推《お》さば、聖嗣《せいし》自然《おのづから》に定まれり。此の外に誰か敢へて間然《かんぜん》せむや」といふ。弓削皇子《ゆげのみこ》座に在り。言《い》ふこと有《あ》らまく欲《ほ》りす。王子叱び、乃《すなは》ち止《や》みぬ。皇太后其の一言《いちげん》の国を定めしことを嘉《よ》みしたまふ。特閲《とくえつ》して正四位を授け、式部卿に拝したまふ。時に年三十七。

　葛野王（父は天智天皇の皇子の大友皇子、母は天智天皇の皇女の十市皇女）は「神代より以来、子孫相承《あひう》け」と発言しているが、応神天皇以後の皇位継承は父子と兄弟継承で「子孫相承」ではない。父子の継承は初代神武から十三代成務までで、十四代（仲哀）は成務の兄の日本武尊の子である。次頁に十五代以降の系譜を示す。歴代天皇のうち誰一人やらなかった孫（軽皇子・文武天皇）への皇位継承を、持統天皇は行っている。

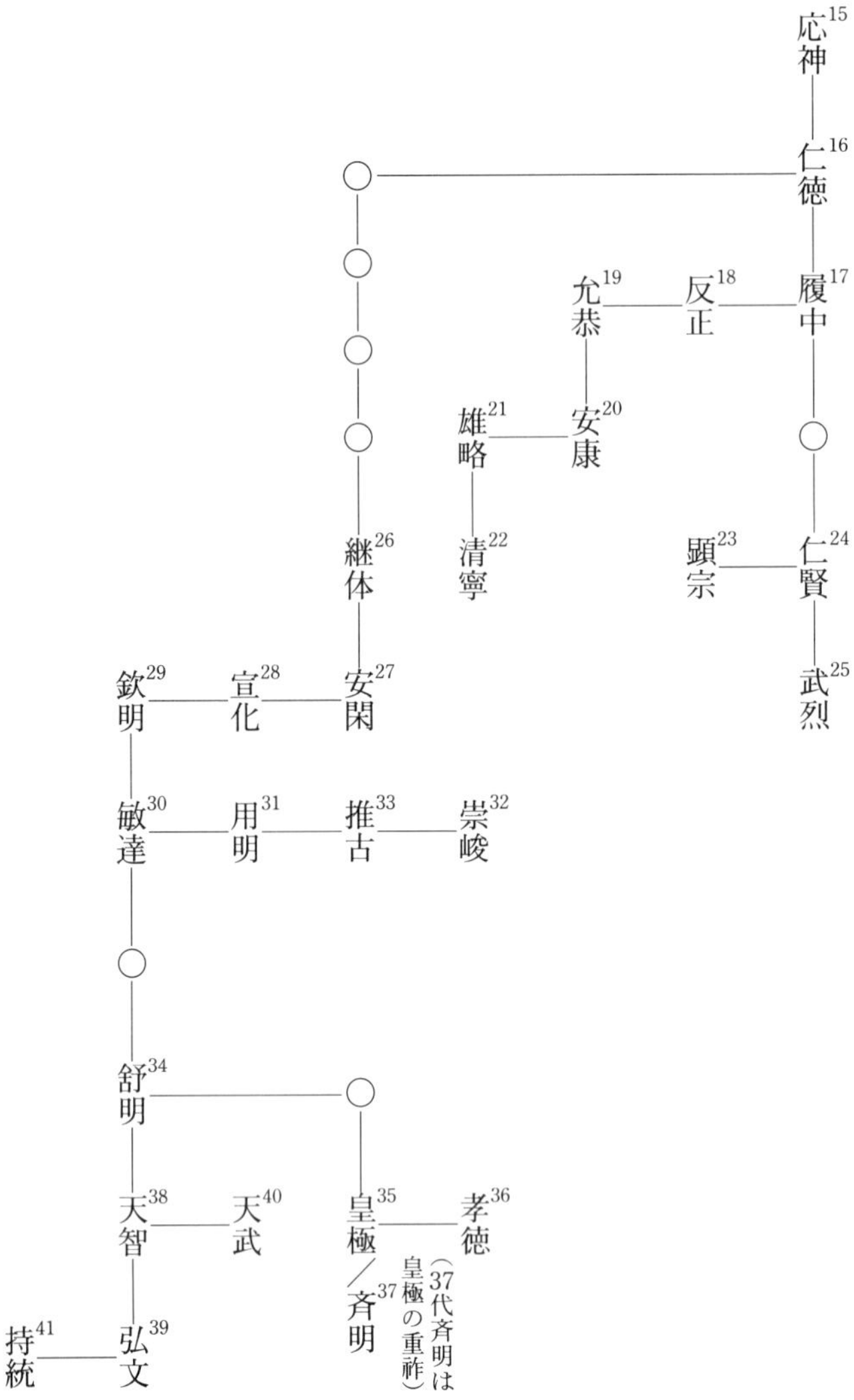

応神 15
仁徳 16
履中 17
反正 18
允恭 19
安康 20
雄略 21
清寧 22
顕宗 23
仁賢 24
武烈 25
継体 26
安閑 27
宣化 28
欽明 29
敏達 30
用明 31
崇峻 32
推古 33
舒明 34
皇極 35
孝徳 36
斉明 37
（37代斉明は皇極の重祚）
天智 38
弘文 39
天武 40
持統 41

前述の皇位継承順序からすれば、本来は草壁皇子が亡くなった後に皇位を継ぐべきなのは、大津皇子であったが、大津皇子に謀反の疑いをかけて持統天皇は自殺に追いこんでいる。天武天皇の皇子の皇位継承順位を示す。

順位	皇子の名	后妃(母)の名	后妃の父名
1	草壁皇子	鸕野皇女	天智天皇
2	大津皇子	大田皇女	天智天皇
3	長皇子 弓削皇子	大江皇女	天智天皇
4	舎人皇子	新田部皇女	天智天皇
5	新田部皇子	五百重娘	藤原鎌足
6	穂積皇子	大娘	蘇我赤兄
7	高市皇子	尼子娘	胸形徳善
8	忍壁皇子 磯城皇子	檝媛娘	宍人大麻呂

これは『日本書紀』による序列だが、実際の誕生順と、『日本書紀』と『続日本紀』の天武天皇の皇子の序列は、次のようになる。

実際の誕生順	高市	草壁	大津	忍壁	磯城	舎人	長	穂積	弓削	新田部
『書紀』のよる序列	草壁	大津	長	弓削	舎人	新田部	穂積	高市	忍壁	磯城
『続紀』による序列	草壁	大津	舎人	長	穂積	弓削	新田部	高市	忍壁	磯城

持統天皇は草壁皇子が亡くなった後、自から皇位につき、大津皇子を殺している。そして天武天皇の皇子のなかでは最年長だが、皇位継承権の順位の低い高市皇子を「太政大臣」に任命している。その時草壁皇子の遺児の軽皇子はまだ数え年で七歳（満年令で六歳）であったが、高市皇子は三十六歳であった。持統天皇が高市皇子を太政大臣にしたのは、軽皇子が成人式を迎えたら、持統天皇は皇位を譲り、孫を天皇にしようと考えていたからである。そのためには、今迄まったく行われていない皇孫への皇位継承を正当づける必要があった。そのために神代紀の降臨神話の天子降臨神話を、天孫降臨神話に改めた『古事記《ふることふみ》』が編纂されたと私は推測する。

降臨した嬰児が「一夜婚」する神話になった理由

前述したが『日本書紀』の本文は一貫して天孫降臨神話だが、一書の第一と第二は天子降臨神話であったのを、孫が生まれたので生まれたばかりの嬰児を降臨させたとあり、「天子」から「天孫」に変っている。したがって降臨した葦原中国で行われた一夜婚《ひとよまぐはひ》・一夜孕《ひとよはらみ》の伝承と結びつかない。天子降臨なら結びつくのだから、この事実からも天子降臨が本来の伝承であった。この「天子」を「天孫」の降臨に改めたことは、前述した葛野王の発言が証している。葛野王は「国家の法」として、「神代より以来、子孫相承《あひう》けて天位を襲《つ》げり」と発言しているのは、前述したように皇位継承は「子」と「兄弟」継承であって「孫」の例は一例もないから、神代の降臨神話の「天子」降臨を「天孫」降臨に変えて、「神代」の例を強調したのである。この発言から見ても原『古事記』は持統十年以前に成立して、当時の皇族や高位の官僚・有力氏族の一部の人々には読まれていたと考えられる。持統天皇は私家版というべき『古事記《ふることふみ》』以外に、本格的な正史編纂を計画し、その正史にも天孫降臨神話を載せることで、孫の皇位継承を正当化したのであろう。

森博達は『日本書紀の謎を解く』で、神代紀は文武朝の文章博士の山田史御方が関与したと述べ[5]、また北川和秀の「古事記上巻と日本書紀神代巻との関係」(一九八〇年)や長野正の「『日本書紀』神代巻の一書について」(一九八〇年)で、北川和秀は

「古事記の底本になったものという」と書いており、長野正も北川和秀の同じ文章を取上げて『古事記』との関連を述べていることを、森博達は「興味深い」と書いている(6)。この北川・長野見解を例証にして『古事記』が和銅五年に成立したとする根拠にする人もいるが、文武朝の文章博士(山田史御方)が持統朝の原『古事記』の神代記を『日本書紀』の執筆にあたって参考にしたことを証していても、このことをもって和銅五年成立を証する根拠にはならない。

黛弘道は「太政大臣に任命した高市を、持統はいつまでも放置しておくわけにはいかない。適当な時期に譲位することも覚悟しなければならない。また、かりに持統が急逝するようなことがあれば、皇位は当然のこととして高市の懐にころがり込むであろう。年月の経つままに持統の後悔は大きくなって行く。そんな折も折、持統十年(六九六)高市は四十三歳の働きざかりを惜しまれつつ逝去した。持統にはまことにラッキーであったが、それだけに高市の死に疑いを抱くこともできないわけではない」と書いている(7)。

黛弘道は軽皇子を皇位につけるために、持統天皇は高市皇子を秘かに亡き者にしたのではないかと、疑っているのである。黛弘道は書いていないが、軽皇子は高市皇子が亡くなった年に、数え年十四歳になっており、当時の成人式（十五歳で行う）の前年に亡くなっているのは、あまりにもタイミングがよすぎる。後述するが、草壁皇子の死後、皇位継承者の大津皇子に対して謀反の疑いをかけて、自死に追いつめている事実からも、高市皇子の突然の死にも疑いをもつ。『日本書紀』持統天皇十年七月の記事に、

庚戌、後皇子尊薨りましぬ。

とあり、次に、

八月の庚午の朔にして甲午に、直広壱を以《も》ちて、多臣品治に授けたまひ、幷《あは》せて物賜ふ。元《はじ》めより従ひたてまつれる功と堅く関を守れる事とを褒美《ほ》めたまふとなり。

とある。多品治は太安万侶の父と考えられるが（安万侶が「多」を「太」に変えたが、平安時代に入って「多」に戻った）、多品治にこれだけのスペースをとりながら、太政大臣の高市皇子の死の記事はあまりにも簡単である。この事実からも黛弘道の書く高市皇子の「突然の死」が首皇子の成人式の直前であることからも、持統十年（六九六）七月に高市皇子が亡くなり、ちょうど一年後の文武元年（六九七）八月に首皇子が即位

していることからも、タイミングがよすぎる。高市皇子の死は、十五歳の成人になったら皇孫を皇位につけるために計算された「突然の事故死」と見るべきではないだろうか。高市皇子の四十三歳の働きざかりの死と、その直後の事実から見ても、その死に私は疑いをもつ。首皇子が皇位につける十五歳の成人式直前の高市皇子の死は、原『古事記』が神代記で天子降臨を天孫降臨に変えた意図と重なっている。

黛弘道は私が書いた高市皇子の死の直後に行われた会議について、次のように書いている。

　持統は不比等（三十八歳）や後宮の女官県犬養三千代など腹心の人々を使ってあらかじめの根回しをやったに違いない。果せるかな会議は紛糾したが、席上一言あらんとした弓削皇子に対して葛野王は威丈高にこれを制し、直系相承こそ神代以来のルールであると強弁したので、皇嗣は軽皇子に定まったという（『懐風操』葛野王伝）。直系相承云々は事実に照らしても、明らかに強弁であり、葛野王はさしずめ持統一派に買収された一人と思われる。(7)

黛弘道は葛野王が主張したのを「直系相承」と書くのは、「兄弟相承」に対してだが、父（母）から子への「直系相承」は当然行われていたのだから、正しくは「直系」でも「子」へでなく「孫」へ継承させることを、葛野王が「神代以来のルールであると強弁した」ことを言っている。「神代以来」と葛野王が主張した根拠は、当時、太安万侶序の『古事記』以前の序文のない原『古事記』が宮廷の上層部の人々に読まれていたから、その記述を根拠に「持統一派に買収された」葛野王が、神代の降臨神話は「天子」でなく「天孫」だから、孫が皇位を継承するのは当然と言ったのである。しかし原『古事記』も天子降臨であったのを、「孫」を皇位につけるために急拠「子」を「孫」に変えている。したがって降臨した嬰児が葦原中国で「一夜婚」をして、一夜で妊娠させたという話になったのである。「一夜婚」の話は天子降臨の関連譚であったのに、「天子」を「天孫」降臨した。しかし、一夜婚譚はそのまま残したから、つじつまの合わない話、あり得ない話になってしまったのである。

『懐風藻』に載る日嗣会議の葛野王の発言

『懐風藻』に載る「日嗣」の会議での葛野王の発言について、直木孝次郎は『持統天皇』で、葛野王が子だけでなく孫も皇位を継ぐのが、神代からの法というのは事実ではないから、弓削皇子が反論しようとした。反論の理由は孫の皇位継承はあり得ないから、実兄の長皇子を「日嗣」に推そうとしたが、葛野王が弓削皇子の発言を止め、弓削皇子も沈黙してしまったのは、「持統の考えが軽皇子の上にある以上、問答しても無駄であることを、弓削皇子も気がついたので、あえて抗弁しなかった」と書き、直木孝次郎も、葛野王の言う子孫への直系相承が、「神代からの法であるというのは歴史的にみて事実ではない」と書いている。(8) 梅原猛も『黄泉の王』でこの「日嗣」の会議について、次のように書く。

群臣は、心から賛成したわけではなかったであろう。弓削皇子が沈黙したのは、葛野王の主張が正しかったわけではなく、彼の語気がはげしかったからでもない。彼はだまって会議を見ている持統帝の眼がこわかったからであろう。この持統帝の眼ににらまれたら一たまりもない。群臣は、この時、大津皇子のことをあらためて思い出したであろう。この眼ににらまれた大津皇子は殺されたのだ。この眼にさからうことは恐ろしい。弓削皇子が発言を中止し、他の群臣が、それ以上、抗議をはさまなかったのは、その眼にたいする恐怖ゆえであったろう。(9)

梅原猛はこのように書いているが、持統天皇が生んだ草壁皇子は皇太子であったが、草壁以外の皇子で成人になっていたのは、持統天皇と同じに父を天智天皇にする大田皇女が生んだ大津皇子のみであったから、聡明な大津皇子は自死に追いつめられたのである。他の天武天皇の皇子で父を天智天皇にする皇女が生んだ長・弓削・舎人皇子は、まだ少年か幼年であった。しかし高市皇子の急死直後の皇位継承会議の時、長皇子は青年になっていたので、弓削皇子が発言しようとしたのである。なぜなら梅原猛が書くように「十四歳の天皇という観念が女性天皇以上に、当時の人々に違和感を与えた」からである。(9) 長・弓削の二皇子は、「長・弓削兄弟双子説」があるほど年齢は接近していたが、すでに二十歳を越していたから、この二人の皇子がもっとも皇位継承の資格のある皇子だった。したがって弓削皇子は発言して兄の長皇子の皇位継承を主張しようとしたのである。その発言の意図を葛野王はわかっていたから、その発言を「叱《いさ》び」ておさえたのである。「叱び」なくてはならないよう行動をとったのは、弓削皇子の発言・主張が正論であり、この会にのぞんだ人々の多くが同調する可能性が高かったから、大声をあげて弓削皇子の発言をおさえたのである。その結果葛野王は「特閲(抜擢)して正四位」に昇進し、式部卿に任命されている。『懐風藻』は「正四位」と書くが持統朝の時代は「正四位」の「上」が「浄大壱」。「下」が「浄広壱」であったが、『日本書紀』によれば持統七年に太政大臣の高市皇子が「浄広壱」(正四位下）を受けているから、天智天皇の皇子で壬申の乱に破れて敗死した大友皇子の子の葛野王が、高市皇子と同じ位階を受けるのは異例の特進である。この特進からも孫への皇位継承に強い思い入れが持統天皇にあったことを示している。

大津皇子の死と持統十年の会議と藤原不比等

前述した『懐風操』の「葛野王伝」の記事の検証からも、天子降臨が天孫降臨になったのは、持統天皇が孫の軽皇子を皇位につけるため工作であったが、軽皇子が皇位につける成人（当時の成人は数え年の十五歳）になる直前に、高市皇子は突然四十一歳で亡くなっている。まだ壮年の働き盛りだが、高市皇子の突然の死は黛弘道が書くように、軽皇子の成人式直前であることからも、自然死ではなかったのではないかという疑いをもつ。そのことは大津皇子の死からも連想される。

『日本書紀』の朱鳥元年（六八六）九月九日条に、

天皇の病、遂に差《い》えずして、正宮に崩《かむあが》りましぬ。

とある「天皇」は天武天皇だが、この記事の十五日後の九月二十四日条には、

南庭に殯《もがり》し、即ち発哀《みね》たてまつる。是《こ》の時に当《あた》りて、大津皇子、皇太子を課反《かたぶ》

けむとす。

とあり、持統天皇称制前紀の十月二日条には、

皇子大津の謀《みかど》反《かたむ》けむこと発覚《あらは》れぬ。皇子大津を逮捕《からめ》る。

とある。翌三日条には次の記事が載る。

皇子大津を訳語田《おさだ》の舎に賜死《みまからし》む。時に年二十四なり。

上山春平は「大津の処刑を持統の謀殺と見る史家は少なくないのですが、その計画が誰が協力者として実行されたのか、という点についての突っこんだ考察はほとんど見当らない」と書き、藤原不比等と見ることで「はじめて解けてくる問題も少なくない」と書く。そして「不比等の近親たちは大友皇子の側であったから、不比等は壬申の功臣たちや彼らとなじみの深い天武の皇子たちにたいして一種の違和感をもっていた」から、それらの「天武の皇子たちに皇位が行くことは、自分の政治生命にとってマイナスの効果を生じる」と思い、「持統の秘密の協力者として、この実行者の寵臣になることは、壬申の功臣たちをおしのけて政界の優位に立つ唯一の血路」と見て、大津事件にかかわったと書く⑽。

前述の「皇子大津を逮捕《からめ》る」の記事につづいて、謀反にかかわった「直広肆八口朝

臣音橿・小山下壱伎連博徳と、大舎人中臣朝臣臣麻呂・巨勢朝臣多益須・新羅沙門行心・帳内礪杵道作等三十余人」を逮捕している。謀反にかかわった人物のうち、中臣意美麻呂と巨勢多益須は、四年後には「二人そろって、十五階上位の直広肆（従五位下相当）に昇進しており、不比等が右大臣（正二位）に任命された和銅元年（七〇八）には竟美麻呂は神祇伯（正四位下）、巨勢多益須は大宰大弐（従四位上）に任命されている」と上山春平は書き、「意美麻呂たちは不比等の意を体して、大津皇子に謀反をそそのかし、多小の言質をとらえたところで、謀反の事実を誰かに密告させるといったワナを仕掛けたのではないか」と推測している(10)（上山は中臣意美麻呂は直広肆に昇進と書いているが、間違っている。正しくは務大肆で従七位上相当で十五階でなく七階上位である）。位階はともかくとして、上山説には梅原猛も賛同しているが、直木孝次郎も、「天武十二年の大津皇子の朝政参与以来、大津をおとしいれるための陰謀が鵜野皇后を中心として仕組まれる可能性」を書いて、「大津の謀反というものにどれだけ現実性があったか疑わしい」理由として、関係者として捕えられた三十余人に対する軽い処罰と、あまりにも早い皇子の処刑をあげる(11)。北山茂夫も「のこされた史実をしらべても、大津には、謀叛の形跡がほとんどみとめられない。大津と親しい間柄にあった

天智天皇の子の川島皇子が、皇太后のたくみな誘導にあって、大津にとって不利な証言をしたようである」と書いている。(12)

このような見解から見ても朱鳥元年（六八六）十月の大津皇子の陰謀事件は、草壁皇子を皇位につける時に障害になるから、謀殺したのだろうが、上山春平はこの大津皇子謀殺の主謀者を藤原不比等と見るが、(10)不比等はその時まだ二十八歳で、私は不比等だけでなく中臣大嶋も関与していたと推測する。朱鳥元年九月二十八日条の天武天皇の殯に、「直大肆藤原朝臣大嶋、兵政官の事を誄たてまつる」とあり（「直大肆」は従五位上）、持統天皇四年（六九〇）正月の即位式には「神祇伯中臣大嶋朝臣、天神寿詞を読む」とあるが、位階は記されていない。同七年（六九三）三月十一日条には、「直大弐葛原《ふじはら》朝臣大嶋に賻物を賜ふ」とあるから、大嶋はこの頃に亡くなっているが、「直大弐」は従四位上相当だから、持統天皇四年の神祇伯で天神寿詞を読んだ時は、正五位上相当の「直大参」であったろう。年齢は不詳だが大津皇子を死に追いやった陰謀事件の主謀者は不比等と大嶋であったろう。

持統天皇三年二月に直広肆藤原朝臣史《ふひと》と務大肆中臣朝臣臣麻呂・巨勢朝臣多益須《たます》らが、判事に任命されている。巨麻呂と多益須は二年二カ月前に大津事件で捕えられたと『日本書紀』は書いている（朱鳥元年十月二日条）。大津事件で捕えられた事件に関与した二人が、人を裁く判事に藤原史（不比等）らと共に任命されている事実から見ても、持統天皇と藤原（中臣）氏が共謀して大津皇子抹殺の陰謀をはかった事は明らかである。この陰謀には、中臣大嶋と藤原不比等が関与したと私は推測しているが、そのことを証する例は、大津事件に関与したとして捕えられたのに、直後に判事になった中臣意美（臣）麻呂の例が示している（意美麻呂は和銅元年〈七〇八〉三月に従四位上で神祇伯に任命され、中納言になっており、同年七月に正四位下、和銅四年四月に正四位上で、同年六月に亡くなっている）。

持統天皇七年三月の記事には「葛原《ふじはら》朝臣大嶋」とあるが、大嶋の死去後は藤（葛）原・中臣氏の長は鎌足の子の不比等であったが、高市皇子の突然死の直後の皇位継承会議の時、不比等は三十八歳であった。上田正昭は『藤原不比等』で、「葛野王が奏言したという『神代より以来、子孫相承《あいう》けて、天位を襲《つ》げり』との言は史実ではない」と書き、続けて「当時の宮廷における王族主流派の皇統観が表明されている」と書いているが、(13)「王族主流派」つまり天武天皇の皇子たちは、弓削皇子が葛野王のこの発言に反論しようとした事実からも、「反王族主流派」の皇統観である。そのことは壬申の乱で天武天皇と戦い敗れて殺された大友皇子の長子葛野王が主導していることからいえる。この葛野王と同じに不比等も天智天皇の寵臣鎌足の子で、天武朝では不遇だったが、持統朝では活躍しているから、葛野王のバックには不比等が居たであろう。不比等は前述したがこの時三十八歳で働き盛りの壮年であった。不比等は高市皇子が亡くなった持統天皇十年（六九六）七月十日から三ヵ月後の十月二十二日に、丹比真人、阿倍御主人、大伴御行らと共に「資人」を給されているが、これらの長老とくらべると年齢も位階も下なのに受けているのは、たぶん不比等の場合は、今迄例のない皇孫の即位を実行するための会議を成功させた実際の功労者だったからであろう。上田正昭はこの会議に不比等も出席していて、軽皇子が「皇太子」として認められたことに「持統天皇のみならず不比等もよろこんだにちがいないと」書いている[14]。

　翌年、文武天皇は数え年十五歳で即位するが、文武天皇の後宮（内廷）には紀朝臣と石川朝臣の娘と共に、不比等の娘の宮子も「夫人」として入内している。この事実からみても、今迄例のない「孫」の皇位継承を裏付けるために、原『古事記』の天子降臨を天孫降臨に変えた知恵は、藤原不比等が出したのではないだろうか。拙著『日本書紀成立考』で『日本書紀』の最終成立時期に不比等が関与していることを推論したが、持統朝の原『古事記』の神代記にも不比等の関与を私は推測する。

柿本人麻呂は軽皇子を「天孫」とは詠《よ》まない

柿本人麻呂は日並（草壁）皇子挽歌（『万葉集』巻二・一六七）で、降臨神話の司令神と降臨神の関係を、

　天照らす日女《ひるめ》の命――高照らす日の皇子《みこ》

と詠んでおり、人麻呂の発想は「天孫」降臨でなく、「天子」降臨である。この「天子」（高照らす日の皇子）は天武天皇だから、「日女の命」は天武天皇の母で、二度皇位についた皇極・斉明天皇であり、「日女の命」と「日の皇子」は母と子である。人麻呂の歌には、『古事記』の天照大御神――邇邇芸命という、祖母と孫の関係はない。『万葉集』巻二の一六七番歌の題詞は、「日並皇子尊の殯宮の時、柿本朝臣人麻呂が作る歌」とある。その長歌の前半は次の歌である。

　天地《あめつち》の　初めの時　ひさかたの　天の河原に　八百万《やほよろづ》　千万《ちよろづ》神の　神集《つど》ひ　集ひ
いまして　神分《わか》ち　分ちし時に　天照らす　日女《ひるめ》の命一には「さしのぼる日女の命」といふ　天をば　知
らしめすと　葦原の　瑞穂《みずほ》の国を　天地《あめつち》の　寄り合ひの極み　知らしめす　神の

命と　天雲の　八重かき別きて（一には「天雲の八重雲別きて」といふ）　神下し　いませまつりし　高照らす　日の御子は　飛鳥《とぶとり》の　清御《きよみ》の宮に　神ながら　太敷《ふとし》きまして　すめろきの敷きます国と　天の原　岩戸を開き　神上り　上りいましぬ

この歌詞で、天照日女命が「神下し」た「日の御子」が天武天皇だと、柿本人麻呂は詠んでおり、降臨するのは「天子」で「天孫」ではない。その「日の御子」と並ぶ、つまり「日並皇子」が草壁皇子なのである。では草壁皇子の子、天武天皇の孫を柿本人麻呂はどのように詠んでいるか。

「軽皇子、安騎の野に宿ります時に、柿本人麻呂が作る歌」として長歌（四五）と短歌（四六・四七・四八・四九）が『万葉集』巻一に載るが、四九歌の、

日《ひ》並皇子《なみのみこ》命の　馬並《な》めて　み狩立たしし　時は来向《きむか》ふ

について伊藤博は、

亡き皇子（草壁皇子）が猟を踏み立てたかつての一瞬は、そのまま現身《うつせみ》の皇子が猟を踏み立てる現在の一瞬と重なっている。「古」（父）の行為および心情と「今」（子）の行為および心情とがここで重なり、亡き皇子への追慕は完全に果たされたのである。

追慕の達成は、軽皇子がすべてにおいて父草壁になりかわったことを意味する。その草壁は単なる皇子ではない。歌そのものがいうように、「日並皇子の命」、つまり日（天皇）に並ぶ皇子なのである。ということは、「み狩立たしし時は来向ふ」とうたい納められた時、軽皇子は皇統譜正統の皇子である「日並皇子の命」そのものとして再生されたことを意味する。追慕の達成は、表現における新王者決定の儀式でもあった(15)。

と書いて、この時期を「持統六年（六九二）の冬のことであったらしい。持統三年四月十三日にこの世を去る以前。草壁皇子は人麻呂たちを従えて安騎野遊猟に興じたことがあった。その同じ野で猟を行ない、父草壁を追懐するのがこのたびの遊猟の目的であった。軽皇子十歳、人麻呂もここにまた供奉して、右一群の歌を詠んだ」と書いているが(16)、軽皇子が数え年十歳の持統六年に安騎野遊猟をしたという説には、私は賛同できない。

高市皇子が亡くなり、直後に「日嗣《ひつぎ》」を決める会議が開かれたが、前述したように「群臣 各《おのがじし》私好《しこう》を挟《はさ》みて衆議《しゅぎ》紛紜《ふんうん》」であり、持統十年の頃でも持統天皇の後継者・皇位継承者は決まっていないのに、その四年前のまだ数え年十歳（今の満九歳）の子供が、皇位継承者の「日並皇子」と呼ばれて狩をするはずはない。第一この弱年で馬を駈っての猟は無理である。詳細は後述するが、この安騎野の歌は持統十年の日嗣会議後、軽皇子の皇位継承が決まり、その年の冬に詠まれたのであろう。しかし人麻呂が詠んだ「日並」の「日」は天武天皇である。

神野志隆光は「日雙斯（日並）」の「日」を天武天皇と書き、「日雙（並）」は草壁皇子で、『「斯」は過去をよびおこすものであったと見ることができる。『日があいならぶような　そのような存在であった』というのである」と書く。さらに父の「日並皇子」に子の軽皇子を重ねて人麻呂は詠んでいると、神野志隆光は書き、「大事なことは、『日があいならぶ』というのは、天武をよびこむことであった」と書いており(17)、持統天皇ではない。前述した柿本人麻呂の「天照らす日女の命」も、天武天皇の母の皇極・斉明天皇であり、その母の子の「高照らす日の皇子」は天武天皇である。「日並」とはこの「日の皇子」に並ぶの意であり、人麻呂は軽皇子もこの「日並」として詠んでいるのである。天武天皇の日の御子（天子）に並ぶ意味ではあっても「天孫」の降臨の意味で詠んでいないのだから、原『古事記』の降臨神話は最初は天子降臨神話であった。しかし「子」でなく「孫」を皇位につけるという、今までまったくない異例の皇位継承を決行するために、神代記の天子降臨を天孫降臨に改めて、葛野王に皇位継承会議で「神代より以来、子孫相承」と、「神代」をもち出して言わせているが、同時代の柿本人麻呂には「天孫降臨観」はなく、あったのは「天子降臨観」であった。

『万葉集』の巻一の四五歌に、「軽皇子、安騎の野に宿る時に、柿本朝臣人麻呂の作る歌」と題した長歌が載り、短歌が四首（四六・四七・四八・四九歌）載る。『日本書紀』（持統紀）には軽皇子の安騎野行きは見えないが、『万葉集』巻一の配列では持統天皇六年春の天皇の伊勢行幸に関連する歌碑と、同八年に完成した藤原宮造営役民の歌との間に配列されているから、持統天皇六年か七年の冬の作歌と万葉学者は推定し、通説になっている。山本健吉は橘守部が『万葉集檜嬬手』で「此は御父の御魂呼ばひの御心にて宿り来給へなるべし」と書き、父の日並皇子の鎮魂と書いているので、「軽皇子の鎮魂であり、同時に亡くなった父皇子の鎮魂」と書いている。(18) 伊藤博も同六年か七年の冬の安騎野の狩猟歌と見て、この狩猟に参加した柿本人麻呂は都へ帰って行われた持統天皇臨席の酒宴の場で、この長歌と短歌を詠んだのではないかと推論している。(15) 神野志隆光も通説の持統天皇六年か七年説を採って、この長歌と短歌群は、父の「日並皇子」（草壁皇子）に軽皇子を重ねて人麻呂が詠んだと書き、さらに「大事なことは『日があいならぶ』というのは、天武をよびこむことであった」と書いている。[17]「日があいならぶ」歌とは四九歌の次の歌である。

日並皇子命の　馬並《な》めて　み狩り立たしし　時が来向《きむ》かふ

しかし、持統天皇六年か七年の時の歌とすると軽皇子は九歳か十歳で、満年齢で八歳か九歳である。この歌が父の日並皇子に重ねて天武を呼び込む歌としたら、年齢が若過ぎる。山本健吉も父の日並皇子の鎮魂歌と書いているが、上野理・坂下圭八・桜井満は鎮魂説をふまえて、狩猟が即位のための成年式の通過儀礼の意義があるから、持統十年か十一年の冬至の頃に行った成年式・即位式の儀礼と推論する。[19]この時期は十五歳・十六歳になっているから、四九歌の歌詞とも合う。

坂下圭八は四八歌の、

東《ひむかし》の　野にかぎろひの　立つ見えて　かへり見すれば　月かたぶきぬ

について、東京天文台の技師が天文学・暦学で算定すると旧暦の十一月十七日の午前五十五分前後で、万葉学者の犬養孝が友人（伊藤銀造）に依頼して数年がかりで調べた結果も、十二月二十四日（旧暦の十一月十七日）の午前六時前後で一致するから、

「軽皇子の阿騎の野行は十一月中旬冬至のころに行われたとしてまず間違いはない」と書いて、冬至は年に一度の太陽のよみがえりの日だから、「『かぎろひの立つ』の『立つ』には、年の一度の日のよみがえりの意味がこめられているともうけとれる」と書いている。(19)

問題はこのような特別の日の場所を安騎野にしたことである。吉野で挙兵した大海人皇子は、まず宇陀に向っている。壬申紀に記されている地名に、「菟田の吾城《あき》」と「大野」が載るが、この二つ地名は人麻呂の詠む軽皇子の宇陀の「安騎野」と、草壁皇子の詠む宇陀の「大野」と同じだから、草壁皇子も軽皇子も壬申の乱の時の祖父大海人皇子（天武天皇）ゆかりの地を、聖地として、天武天皇の皇太子の日並（草壁）皇子も訪れ、その日並皇子と同じ資格をもった軽皇子も、皇位について文武元年（六九七）の冬至の日に訪れたのであろう。人麻呂にとって、軽皇子は「天孫」でなく父の日並皇子と同じ「日並」の「天子」であったから、「東の　野にかぎろひの　立つ見えて　かへり見すれば　月かたぶきぬ」の時こそ、「日並皇子命の　馬並《な》めて　み狩り立たしし、時は来向《きむ》かふ」と詠んだのであって、葛野王の、

神代より以来、子孫相承《あひう》けて天位を襲《つ》げり。

という発言の「孫」の意味はない。柿本人麻呂は天武天皇を高天原から降臨した「日の御子」としての「天子」と見ており、この「日の御子」に並ぶ「日並」として草壁皇子を詠み、軽皇子も「日並」になったと詠んでいるのであって、「子孫」の「孫」に重点をおいて「神代」をもち出した葛野王と違って、軽皇子を「日の御子」として人麻呂は詠んだのである。したがって「年に一度の太陽のよみがえり」の冬至の朝、日の御子として誕生したのであり、「やすみしし　わが大王《おほきみ》　高照らす　日の皇《み》子《こ》　神ながら　神さびせす」と、四五歌の長歌で人麻呂に歌い上げられている軽皇子は、前述した日の御子の「天子」として降臨したと人麻呂が詠む祖父天武に、「日並」の父をとうして結びつけている。理由は軽皇子が皇位についたからである。

宮廷歌人の柿本人麻呂は、政治的視点でなく、文学的・歌人的視点から即位した軽皇子を歌い上げたのだから、天皇になった軽皇子は、

天照らす日女《ひるめ》の命――高照らす日の皇子《みこ》

の天武天皇と重なったのである。但し「日並皇子」をとおしての「日の皇子」と詠むことで、即位した軽皇子が「子」でなく「孫」であることを示している。柿本人麻呂は宮廷歌人として軽皇子の即位を文学的視点で歌い上げたが、政治的視点では「孫」

の即位は皇統譜にはまったくなく、異例の即位であった。この異例な即位の理由づけに、原『古事記』の「天孫」降臨神話が作られたが、急拠、降臨神話のところのみを「子」から生まれたばかりの「孫」に改めたので、本来の葦原中国へ降臨した「天子」の一夜婚《ひとよむすび》・一夜孕《ひとよはらみ》の神話が、嬰児の「天孫」の一夜婚・一夜孕の神話になって、つじつまが合わなくなってしまったのである。今までこの異様な事実についての指摘はないが、『古事記』の成立にとって無視できない視点だから、第一章で述べた。

『古事記』の成立をめぐって、序文つきの現存『古事記』の諸問題を、拙著（『古事記成立考』『新版・古事記成立考』）で論じてきたが、序文をとった原『古事記』を検証しても、この「フルコトフミ」も、政治的所産といえる。このことは前著の二冊で詳述したが、天武・持統朝の内廷（後の「後宮」）で編纂された「フルコトフミ」が世に出なかったのは、天武天皇が計画し実行したが果せなかった正史の編纂を、持統朝から本格的に開始し、文武朝では神代紀の編纂も行われたからである。しかし正史（『日本書紀』）以前に成立していた『古事記』（序文つき現存『古事記』の原本）も、持統朝では大きな政治的役割を果したことは、持統十年の皇位継承会議の葛野王の発言が示している。

第一章を、「天孫降臨神話が示す『古事記』の成立」と題して論じたのは、序文つきの現存『古事記』は、序文をとれば、天武・持統朝の内廷（後の「後宮」）でまとめられた「フルコトフミ」であり、現存する日本最古の古典だからである。その実証を、「天子」を「天孫」降臨神話に変えた理由を述べて示した。

歴史上「孫」への皇位継承はあり得なかったので、直接「孫」に皇位継承をさせるため、持統朝に序文のない原『古事記』の天孫降臨神話が作文されたことをまず述べたのは、前著『新版・古事記成立考』で書かなかったからだが、この『古事記』が公開されなかったのは、孫に皇位継承させる目的を果したことと、持統朝から正史の『日本書紀』の編纂が開始されたからである。

第二章

天照大御神の実像と『古事記』の成立

三品彰英の『記』『紀』の天孫降臨神話論批判

序文のない『古事記』本文は、天武・持統朝の内廷（後代の「後宮」）成立であることを、第一章で述べたが、そのことを証するのは降臨の司令神からもいえる。三品彰英は『記』と『紀』の降臨神話について、次の表を示す。

この表は三品彰英の「記紀の神話体系」（『三品彰英論文集』第一巻所収、一九七三年、平凡社）に天孫降臨神話に関連して載る。「降臨を司令する神」について三品彰英は「タカミムスヒ」を「初期的初伝」と書いて、もっとも古い伝承と書く。次に「儀礼神話の段階」の「タカミムスヒとアマテラス」伝承がつくられ、「アマテラス」を降臨の司令神にしているのが、もっとも新しく、「政治神話の最後の段階」の伝承と書いている。この三品の分類が定説化している。しかし三宅和朗は『記紀神話の成立』で三品説を批判している。主要な批判は、『一書』の存在形態という基礎史料に関する根本的問題にほとんど考慮を払わなかったという点である」と書き、『紀』の神代紀の『一書』には、前出の一書（本文を含めて）と重複する時はカットするという原則があり、その結果、前略・後略の一書、『云々』による省略の一書が存在するとい

要素／異伝	日本書紀本文	日本書紀第六ノ一書	日本書紀第四ノ一書	日本書紀第二ノ一書	古事記	日本書紀第一ノ一書
(イ)降臨を司令する神	タカミムスヒ	タカミムスヒ	タカミムスヒ	タカミムスヒとアマテラス	タカギノカミとアマテラス	アマテラス
(ロ)降臨する神	ホノニニギ	ホノニニギ	ホノニニギ	アメノオシホミミ、後にニニギに代る	アメノオシホミミ、後にニニギに代る	アメノオシホミミ、後にニニギに代る
(ハ)降臨神の容姿	真床追衾に包まれた嬰児	真床追衾に包まれた嬰児	真床追衾に包まれた嬰児	虚空で出誕した嬰児	降臨間際に出誕、ただし容姿には特別の記載なし	降臨間際に出誕、ただし容姿には特別の記載なし
(ニ)降臨地	日向襲高千穂峯	日向襲高千穂添山峯	日向襲高千穂槵日上峯	日向槵日高千穂峯	日向高千穂久士布流多気	日向高千穂槵触峯
(ホ)随伴する神々			アマノオシヒ・アマクシツオホクメ	アメノコヤネ・フトタマ諸部神	五伴緒（アメノコヤネ・フトタマ・アメノウズメ・イシコリドメ・タマノヤ）・オモイカネ・タチカラヲ・イハトワケ・トユウケ・サルタヒコ・アメノオシヒ・アマツクメ	五部神（アメノコヤネ・フトタマ・アメノウズメ・イシコリドメ・タマノヤ）・サルタヒコ
(ヘ)神器の授与				神鏡の授与	三種神器の授与	三種神器の授与
(ト)統治の神勅					瑞穂の国統治の神勅	統治の天壌無窮の神勅

う事実があるが、この点が三品氏の場合はほとんど見落されている」と書く。さらに三宅和朗は三品見解について、「神話形式をもっぱら『民族社会』『社会文化』『民族的な性格』との関連において追究しようとする姿勢が顕著である」ため、その結果「記紀神話が高度に政治的な天皇制神話であるという本質がほとんど見失われてしまった」と批判している。[1] この三宅の三品批判は無視できないが、三宅は『云々』による省略」と「前略・後略」の省略があることを示すだけで、「記紀神話が高度に政治的な天皇制神話である」なら、その事例を『紀』の神話から示して批判すべきだが、そのことは行っていない。

　上田正昭は、『記』は「高御産巣日神」と書くが、『紀』は「高皇産霊尊」と書くと、「皇」に傍点を付して書き、「『日本書紀』巻二すなわち神代第二巻（下）になると、俄然『皇祖高皇産霊尊』の表現が目立つ」と「皇祖」に傍点を打って書いている。[2] 『記』の「高御産」を『紀』が「高皇産」と書き、神代巻二の本文の降臨神話で高皇産霊尊に「皇祖」を冠しているのは、三品見解のタカミムスヒが「初期的初伝」ではなく、三宅和朗が書く「政治神話の最後の段階」の表記であることを証している。黛弘道も記紀神話は「七・八世紀の政治情勢の忠実な反映」と書いているが、[3] 歴史学者でない三品見解は、この視点が欠落している。

さらに問題なのは三品彰英は一書の第二の司令神を、「タカミムスヒとアマテラス」と書いていることである。(4) これは三品彰英の誤読である。第二の一書はタカミムスヒについて次のように書く。

　高皇産霊尊、因《よ》りて勅《みことのり》して曰《のたま》はく。「吾は天津《あまつ》神籬《ひもろき》と天津磐境《いはさか》とを起樹《おこした》て、当に吾が孫の為に斎《いは》ひ奉るべし。汝《いまし》天児屋命、太王命は、天津神離を持ちて葦原中国に降《くだ》り、亦吾が孫の為に斎ひ奉るべし」とのたまふ。乃《すなは》ち二神をして、天忍穂耳尊に陪従《したが》へて降らしめたまふ。(傍点は引用者)

この記事はまともな文章とはいえない。なぜなら、この短文は「吾が孫の為に斎ひ奉るべし」と書いているが、降臨したのは「吾が孫」でも「吾が子」でもない娘の夫の「天忍穂耳尊」だからである。『紀』の降臨神話の本文は、

　天照大神の子正哉《まさか》吾《あ》勝勝速日《かつかちはやひ》天忍穂《あめのおしほ》耳《みみ》尊、高皇産霊尊の女栲幡千《たくはたち》千《ぢ》姫を娶《めと》り、天津《あまつ》彦《ひこ》彦火《ひこほの》瓊《に》瓊《に》杵《ぎ》尊を生みたまふ。

とあり、高皇産霊尊の娘の夫が天忍穂耳尊で孫でも子でもない。高皇産霊尊の「吾が孫」は瓊瓊杵尊だから、本来の記事は天照大神が降臨させた天忍穂耳命に、天児屋命

と太玉命を「陪従《したが》へて降らしめたまふ」であったのに、『紀』の最終編纂時に書かれた本文が、

高皇産霊尊、真床追衾《まとこおふふすま》を以《も》ちて、皇孫《すめみま》天津彦彦火瓊瓊杵尊に覆ひて降りまさしむ。

と書いているので、一書の第二の司令神も、天照大神を高皇産霊尊に変えて、「吾が孫の為に斎ひ奉るべし」と二度も書き入れてしまったのである（この『日本書紀』の一書の第二は、天照大神は天子天忍穂耳命が葦原中国に降臨していたのを高天原へ戻して、生れたばかりの天孫瓊瓊杵尊を降臨させたとある）。このような一書の二の書き方から、一書の二の降臨の司令神は「アマテラス」の一神なのに、三品彰英は「タカミムスヒとアマテラス」と書いているのである。

このように『日本書紀』の降臨の司令神は「タカミムスヒ」か「アマテラス」のどちらかで、司令神は一神だが、『古事記』の司令神は二神である。二神であることは序文のない『古事記』の最初の編纂期が、持統朝であることを証している。理由は後述するが古代の神観念は、カムロキ・カムロミ、イザナキ・イザナミが示しているように、男女二神で登場するからである。

『古事記』の「天照大御神」と「高木神」

現存『古事記』は降臨の司令神について、変化がある。

一、天照大御神の命以《みことも》ちて、「豊葦原之《とよあしはらの》千《ち》秋長五《あきながい》百《ほ》秋之《あきの》水穂《みずほ》国は、**我が御子**、正勝《まさかつ》吾《あ》勝勝速日《かつかちはやひ》天忍穂耳命の知らす国ぞ」と言《こと》よさし賜ひて、天降したまひき。

二、ここに天照大御神、高木神の命以《みことも》ちて、太子《ひつぎのみこ》正勝吾勝勝速日天忍穂耳の命に詔《の》りたまひしく。「今、葦原中国を平《ことむ》け訖《を》へぬと白《もう》せり、故、言依《ことよ》さし賜ひし随《まま》に降《くだ》り坐《ま》して知らしめせ」とのりたまひき。爾《ここ》に其の太子正勝吾勝勝速日天忍穂耳命に答へ白《もう》したまひしく。「**僕《あ》は降らむ装束《よそひ》しつる間に、子生れ出でつ。**名は天邇岐志《あめにきし》国邇岐志《くににきし》天津日高日子《あまつひこひこ》番能邇邇芸《ほのににぎ》命ぞ。**此の子を降すべし**」とまをしたまひき。此の御子は、高木神の女、万幡豊秋津師《よろづはたとよあきつし》比売《ひめ》命に御合《みあひ》して、生みませる子、天火明命、次に日子番能邇邇芸命なり。是《これ》を以《も》ちて白《もう》したまひし随《まま》に、日子番能邇邇芸命に詔科《みことおほ》せて、「此の豊葦原水穂国は、汝《いまし》知らさむ国ぞと言依《ことよ》さし賜ふ。故、命《みこと》の随《まま》に天降るべし」とのりたまひき。

この二例は第一章でも一部を紹介したが、ここでは全文を示した。ゴシックで示したように降臨するのは一では「子」で「孫」ではない。二で「子」に「子」が生まれたので、「孫」を降臨させたとある。この一と二の記事の間に、次の記事が載る。

一、爾《ここ》に高御産巣日神、天照大御神の命《みこと》以ちて、天安河の河原に、八百万《やほよろず》の神を神集《つど》へに集へて、思金神《おもひかね》に思はしめて詔《の》りたまひしく、「此の葦原中国は、**我が御子**の知らす国と言依《ことよ》さし賜へりし国なり。故、此の国に道速振《みちはやふ》る荒振《あらふ》る国つ神等の多在《さはあ》りと以為《おも》ほす。是れ何《いづ》れの神を使はしてか言趣《ことむ》けむ」とのりたまひき。思金神また八百万《やほよろづ》の神、議《はか》り白《もう》しき。「天菩比神《あめのほひ》、是《こ》れ遣《つかは》すべし」とまをしき。

二、高御産巣日神、天照大御神、亦諸《またもろもろ》の神等に問ひたまひしく。「葦原中国に遣はせる天菩比神《あめのほひ》、久しく復奏《かへりごとまを》さず。亦何《またいづ》れの神を使はさば吉《よ》けむ」と、とひたまひき。ここに思金神、答へ白《もう》ししく、「天津国玉神の子、天若日子を遣はすべし」とまをしき。

三、天照大御神、高御産巣日神、亦諸《またもろもろ》の神等に問ひたまひしく。「天若日子久しく復奏さず。又いづれの神を遣はして天若日子がひさしく留《とど》まる所由《ゆえ》を問はむ」と問いたまひき。是《ここ》に諸《もろ》神また思金神、「雉《きざし》、名は鳴女《なきめ》を遣はすべし」と答へ白《もう》す。

四、天若日子、天つ神の賜《たまは》りし天之《あめの》波《は》士《じ》弓、天之加《か》久《く》矢《や》を持ちて、雉を射殺しき。

爾《ここ》に其の矢、雉の胸より通りて、逆《さかしま》に射上《いあ》げらえて、天安河の河原に座す天照大御神、高木神の御所に逮《いた》りき。この高木神は高御産巣日神の別《また》の名ぞ。故、高木神、其の矢を取りて見したまへば、血、其の矢の羽に著《つ》けり。是《ここ》に高木神、「此の矢は、天若日子に賜へりし矢ぞ」と告《の》りたまひき。

五、爾《ここ》に天鳥船神を建御雷神に副《そ》へて遣はしたまひき。是《ここ》を以《も》ちてこの二はしらの神、出雲国の伊那佐の小浜に降り到りて、十掬剣《とつかのつるぎ》を抜きて、逆《さかしま》に浪の穂に刺し立て、その剣の前《さき》に趺《あぐ》み坐《ま》して、大国主神に問ひて言《の》りたまひしく。「天照大御神、高木神の命以《みことも》ちて、問ひに使はせり。汝《いまし》がうしはける葦原中国は、**我が御子**の知らす国ぞと言依《ことよ》さし賜ひき。故、汝が心は奈何《いか》に」とのりたまひき。

『古事記』の記事の順序を記せば、まず、天照大御神が「我が御子」の天忍穂耳命を葦原中国へ降臨させたと明記しており、「孫」でなく「子」の降臨神話である。この後に葦原中国の平定神話が載るが、ゴシックで示したように、「我が御子の知らす国」と書き、「孫」でなく、「子」と書いている。その後に六二頁の「二」で書いたように、「爾《ここ》に天照大御神、高木神の命以《みことも》ちて」、「子」のオシホミミを降臨させようとした時、平定後、「孫」のニニギが生まれたので、「孫」を降臨させたとある。この記事には降臨の司令神に「高木神」が登場している。「高木神」については葦原中国平定神話の司令神として登場する。その記述の五例は、

一、高御産巣日神　天照大御神
二、高御産巣日神　天照大御神
三、天照大御神　高御産巣日神
四、天照大御神　高木神
五、天照大御神　高木神

とあるが、「高木神」は「高御産巣日神」の「別名」と『古事記』は書いている。葦原中国を平定した後の高天原からの降臨神話でも、降臨の司令神は「天照大御神」と「高木神」の二神で、『日本書紀』のように「天照大神」かまたは「高皇産霊尊」かのどちらかの一神とは違う。問題は『古事記』が「高御産巣日神」と「高木神」は同じ神なのに、書き分けて載せていることである。この二つの神名が登場することについて本居宣長は、「稗田阿礼が詔命と蒙《カブフリ》し時に、高御産巣日神と中伝《モウシツタ》へたる本《フミ》と高木神と中伝へたる本と二品の本に拠《ヨリ》けむ」と『古事記伝』で書いている。倉野憲司はこの宣長の「二品の本」を一つにして「高木神は高御産巣日神の別名」という注記をし

た時期を、「古事記の編纂説を唱へる人々（高木敏雄・安藤正次・松本芳夫等）は、安麻呂が施したものと見ている」が、「高木神の名による伝は中巻神武記にまで及んでいる」から、「阿礼の誦習した旧辞において既に接合されていたと見るのがおだやかではあるまいか」と書いている。[5]「阿礼の誦習した旧辞」の時期とは天武朝の時期をいう。倉野憲司も倉野があげる他の論者も『古事記』の序文をまったく疑わず、序文の記述を信用して論じているので、私は賛同しない。しかし倉野憲司が『記』の神代記だけでなく、神武記にも「高木神」が登場すると述べていることは、無視できない。

「高木神」は神代記以外に、神武記には二例載る。一例は、

高倉下《たかくらじ》答へ曰《まを》しく、「己《おの》が夢に、天照大神、高木神、二柱の神の命以《も》ちて、」

とあり、もう一例は、

是《ここ》に亦《また》、高木大神の命以ちて

とある。いずれも「高木」であり「高御産巣日」ではない。しかも神武記の記事では「高木大神」とあり、「アマテラス」も「天照大神」と書いて、降臨神話の「天照大御神」と「高木神」の区別と違っている。神武記が「天照」と「高木」の両神を同格に書いていることに、私は注目している。

『古事記』の天皇制神話以前の神の「カムロキ」「カムロミ」

高木神（大神）は高御産巣日神の別名と『古事記』は説明しているが、『古語拾遺』の冒頭で斎部（忌部）広成は次のように書いている。

天地《あめつち》割れ判《わか》くる初《はじめ》に、天の中に生まれます所の神、名を天御中主神と曰《もう》す。次に高皇産霊神（古語多賀美武須比。是は皇親《すめむつかみろ》神留伎《き》命なり）。次に神産霊神（是は皇親神留弥《ろみ》命なり）。

とある。代表的祝詞《のりと》の「天神寿詞」の冒頭には次のようにある。

高天の原に神留《かみづま》ります、皇親《すめむつかみろ》神漏岐《き》・神漏美《かみろみ》の命をもちて、八百万《やほよろづ》の神等を神集《つど》へたまひて、……（後略）。

この「天神寿詞」は「中臣の遠つ祖天兒屋根命」が登場するので「中臣寿詞」とも言われるが、この祝詞の「神漏岐《ろき》」「神漏美《ろみ》」の二神は、大嘗祭・祈年祭・月次祭・大殿祭・鎮火祭・出雲国造神賀祭・斉戸鎮魂祭の「祝詞」の冒頭でも言われている。渡会延佳の「中臣祓瑞穂抄」、本居宣長の「大祓詞後釈」は「神ろき」を「タカミムスヒ」、「神ろみ」を「アマテラス」に比定するが、平田篤胤は『古史伝』、鈴木重胤は『延喜式祝詞講義』で、「神ろき」をタカミムスヒ、「神ろみ」をカミムスヒとし、後に広く男女の皇祖神、もしくは一般の神々を尊《とうと》んで言うようになったと書き、理由として「出雲国国造神賀詞」に出雲の熊野大社の祭神を「神夫侶伎《かぶろき》熊野大社」といい、『続日本紀』仁明天皇条に少彦名神を「賀美呂伎《かみろき》」と書いていることをあげ、「カムロキ」は男神、「カムロミ」を女神の意と書いている。

松前健は「大嘗祭と記・紀神話」で「カムロキ・カムロミ」は一般にイザナキ・イザナミ、ツラナギ・ツラナミと同じように、男女の神を指す語」と書き、さらに次のように書く。

「出雲国造神賀詞」では「高天の神王高御魂《たかみむすび》・神御魂《かみみむすび》」と記されており、この「神王」をカムロギと訓ませている諸註が多く、おまけにここではホノニニギを、この神王の二神の皇孫命《すめみまのみこと》と呼んでいる。アマテラスはその神賀詞には一向に名が出てこない。その文面をそのまま素直に受け取るなら、ホノニニギはタカミムスヒとカミムスヒの裔ということになり、その命令で天降りすることになる。カムロキ・カムロミというような相対物・対偶的な名称が、もともとからアマテラスとタカミムスヒというような、語源的にも異系・異質な二神に用いられていたとは考えがたい。むしろ一対になって現われる生成の男女二神という意味で、タカミムスヒとカミムスヒが、原初的な形の司令神としてふさわしい[6]。

このように松前健は書いているが、大林太良は『東アジアの王権祭祀』で、「カムロキ」「カムロミ」の神は「タカミムスヒ」「カミムスヒ」以前のもっとも古い男女神をいう神名だと書き、次のように述べている。

> 祝詞や寿詞の神話では、高天原の皇祖はカムロキ、カムロミの二神であって、これが地上の支配者としてスメミマを天降らせたのである。そこにはアマテラスは登場しない。そして重要なことは、これが祝詞・寿詞を通じて見られる現象であって例外のないことだ。しかも、正史としての『日本書紀』が権威をすでに確立していた平安時代において、このような『書紀』の所伝と著しく異なる神話が、祝詞や寿詞において一般的だったことは、カムロキ・カムロミ両神が地上の支配者としてスメミマを天降らせたという伝承が古いからあって、しかも祝詞や寿詞の文の一部としてすでに定着していて改変し難いものであったことを物語るものなのであろう。

こう考えてくると、『古事記』『書紀』一書二、『古語拾遺』において、タカミムスヒとアマテラス両神が指令神として登場するのは、アマテラス神話の発達に伴って、かつてのカムロキ・カムロミ両神の対のうちカムロミがアマテラスにとって代わられた結果かも知れない。

（中略）

私の考えによると、カムロキ・カムロミ両神の指令でスメミマが天降する神話には元来アマテラス神話は異質である。したがって、高天原神話の古い体系の一つには、高天原に原初神タカミムスヒ・カミムスヒ両神が出現した神話が、宇気比神話や天岩屋神話を中間にはさまずに、いきなり天孫降臨神話に直結していた所伝もあった可能性を考慮に入れてよいと思われる。(7)（傍点は引用者）

大林太良は以上のよう述べて、松前健と同じにタカミムスヒ・カミムスヒを「原初神」と書くが、「原初神」はタカミムスヒ・カミムスヒより、「カムロキ」「カムロミ」の神名こそふさわしい。西宮一民は「ムスヒ」の神は「産日《むすひ》」（太陽神）・「産《むす》霊《ひ》」（生成神）の霊能をもつ神で、古代人の二元論的思考法で「カムロキ」「カムロミ」といわれ、さらに「タカ」「カミ」が冠されて、「タカミムスヒ」「カミムスヒ」と言われるようになったと述べているが、(8)『古事記』はトップに、天地《あめつち》初めて発《ひら》けし時、高天原に成れる神の名は、天之御中主神、次に高皇産巣日神、次に神産巣日神、この三柱の神は、並独《みなひとり》神と成り坐《ま》して、身を隠したまひき。

と書き、「独神」にしている。そして「神世七代」として、次の神々を記す。

国之常立神　豊雲野神　宇比地邇神 妹須比智邇神　角杙神 妹活杙神　意富斗能地神 妹大斗乃弁神　於母陀流神 妹阿夜訶志古泥神　伊邪那岐神 妹伊邪那美神

二代が独神で五代が夫婦神だが、七代の伊邪那岐《いざなき》神と伊邪那美《いざなみ》神が国造りをしている。この「イザナキ」「イザナミ」は「カムロキ」「カムロミ」と似た神名であり、私は神名の変化を次のようにみる。

カムロキ——→イザナキ——→タカミムスヒ
カムロミ——→イザナミ——→カミムムスヒ

わが国の古代人の神観念は男女二神の対《つい》で、独神《ひとりかみ》は中国思想が入って観念上の「天」の観念によって作られた神名である。したがって『日本書紀』の降臨の司令神が独神であるのに、『古事記』が司令神が二神なのは、『紀』より『記』が古い伝承を残していることを証している。

『記』の降臨司令神の「高木神」と「柱」信仰

『古事記』の降臨の司令神の「高木神」は「高御産巣日神の別名」と書かれているが、前述した神武記の「高木大神」という書き方から見ても、原『古事記』にあったのはこの表記だが、『日本書紀』の降臨神話の本文は司令神を高皇産霊尊にしているから、公式に『日本書紀』を初めて講義をし、その講義の記録を『弘仁私記』三巻にまとめた多人長が、原『古事記』の「高木大神」「高木神」を「高御産巣日神」に改めたと私は推測する（三例のうち二例は「天照大御神・高御産巣日神」、一例は「高御産巣日神・天照大御神」と統一がないのも、そのことを証している）。

古代日本人の神観念は男女二神の「対」であったが、カムロキ・イザナキとしての高木神（タカミムスヒ）について、上田正昭は「日本神話」で次のように書く。

高木神とはいったいなにか。それは神のよります神体木（神籬）の神格化である。だからこそ、タカミムスヒ（高木神）が天孫降臨にさいして「天つ神籬を持ちて、葦原の中つ国に降りて、亦吾が孫《みま》の為に斎《いわ》ひ奉れ」と命令したと『紀』第二の「一書」にみえるのであり、『古語拾遺』もまたタカミムスヒをまつるのに神籬をたてたと伝えるのである。

前に長野県諏訪大社の御柱《おんばしら》のことに言及したが、神の降臨をあおぐ神籬の信仰は、田の神をまつる民間の神事にも生き残っている。三重県志摩郡磯部町の伊雑《いぞう》宮のお田植祭は、毎年六月二十四日に盛大に執り行われるが、このまつりでは、太く長い竹が神田にたてられ、翳《さしば》に描かれた舟が神の乗りものとなる。

高天原と地上との往来に天の鳥船があったとする信仰が、伊雑宮神田のような神籬を具体化する。伊勢の日の神は、撞賢木《つきさかき》厳之《いつの》御魂《みむすび》天疎《あまさかる》向津媛《むかつひめ》命として『日本書紀』に登場するが、この「つきさかき」とは、まさに神体木によりますす日の神=田の神の象徴にほかならない。伊勢神宮の正殿の中心の床下には、心《しん》の御柱《みはしら》がたてられている。これを忌柱ともいう。伊勢神宮の秘書で、鎌倉時代後期のころの伝書とみなされる『心の御柱記』にも、長さ五尺の御柱が「神の坐すが如く」まつられたことが述べられている。心の御柱とは日の神が降臨する神籬であって、二十年ごとの遷宮は、まずこの忌柱の伐採神事からはじまる。(9)

上田正昭の書く「撞賢木厳之御魂天疎向津媛命」は、『日本書紀』の神功皇后摂政前紀に、「神風の伊勢国の百伝《ももつた》ふ度逢県《わたらひのあがた》の拆鈴《さくすず》五十《い》鈴宮《すずのみや》に居《ま》す神」とある。松前健は

「伊勢神宮の内、外宮の正殿の床下の中央にある聖なる柱は、すなわち忌柱は、心御《しんのみ》柱《はしら》とも天御柱《あめのみはしら》ともいい、天地の中央にあって、陰陽和合の基となる存在であると考えられていた。社殿の成立以前、神鏡奉斎以前の古い神体であったのであろう。……エリアーデが論じているように、こうした祭りが行われる間は、その祭場は一種の『小宇宙』となり、その中央柱は、一時的に神霊の昇降する天地の中軸となっていると信じられた（前田耕作訳『イメージとシンボル』）。後世にこうした忌柱の上に社殿ができ、別に神体ができて、奉祀されても、伊勢神宮の心御柱のように、なお供饌《きょうせん》が行われたり、後世まで宇宙軸の象徴だとするような信仰が残ったのであろう」と書いている。(6)

現在の伊勢神宮の御神体は「鏡」だが、「鏡」のような銅製品以前の原初の信仰では、柱（忌柱）であったろう。それが「撞賢木厳之御魂」であり、「高木神」である。しかし神功皇后紀では伊勢神宮の神には「天疎向津媛命」が結びついている。この神を「天照大御神」に重ねれば、この神名は「高木神」と「天照大御神」を合体した神名になる。

写真1は伊勢神宮の神田に立つ「御柱《みはしら》」だが、鳥居は東面している。神の依代である「御柱」は東から昇る朝日を受けるために立つ。元慶三年（八七九）に神祇官に提

出した『向日二所社御鎮座記』（京都府向日神社の鎮座記）には、向日神は「朝日の直《ただ》刺《さ》す地、夕日の日照《ほて》る地、天離《あまさか》る向津《むかつ》日《ひ》山」である八《や》尋矛《ひろほこ》長尾岬《ながをのみさき》（現在地の裏の峯）に鎮座していたと書く。「天疎向津媛命」は「天照大御神」のことだが、向日神社の祭神の鎮座する山名と同名である。東から昇る朝日に向う神木（撞賢木厳之御魂）は「高木神」だから、『古事記』の降臨神話の司令神の二神は、神功皇后紀が伊勢神宮の祭神名として書く神名と一致する。

写真1　伊勢神宮の神田に立つ柱。鳥居は東面している。

　上田正昭は長野県諏訪大社の「御柱《おんばしら》」を「神体木（神籬）」と書くが、[9] **写真2**は諏訪大社上社に立つ御柱だが、四本立つ。その配置は縄文時代晩期の石川県能都町の真脇遺跡の四本柱の配置（**図1**）

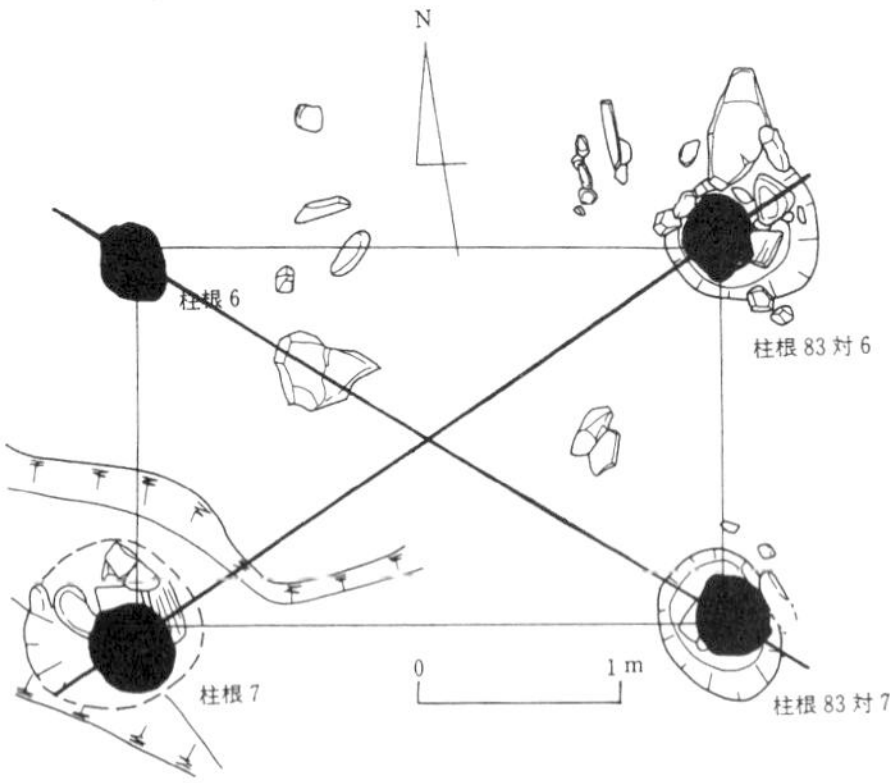

図1　二至・二分が観測できる真脇遺跡の4本柱

写真2　諏訪大社の上社に立つ御柱。この柱が4本立つ

と同じである。この四本の柱穴に対角線を引くと、対角線方位で冬至・夏至の二至、柱間からは春分・秋分のいずれも朝日・夕日が拝される。また真脇遺跡からは三本柱が立っていたと見られる柱穴があるが、縄文時代研究の考古学者の小林達雄は『縄文ランドスケープ』で、「2本の柱なら、結びさえすれば直線を作り、柱の位置関係によって、方位も融通無碍である。しかし3本で直線を作るには、正確に一線に並べる計画的な行

為が必要とされる。真脇の3本柱が一直線をなすのは、その意味で縄文人の意識が断固として働いていた結果なのだ。その方位の延長線上には、立山連峰の南端の山頂をきちんと指している。しかも、その山頂からは冬至の日に太陽が落ちて沈むのである」と書いている。[10]

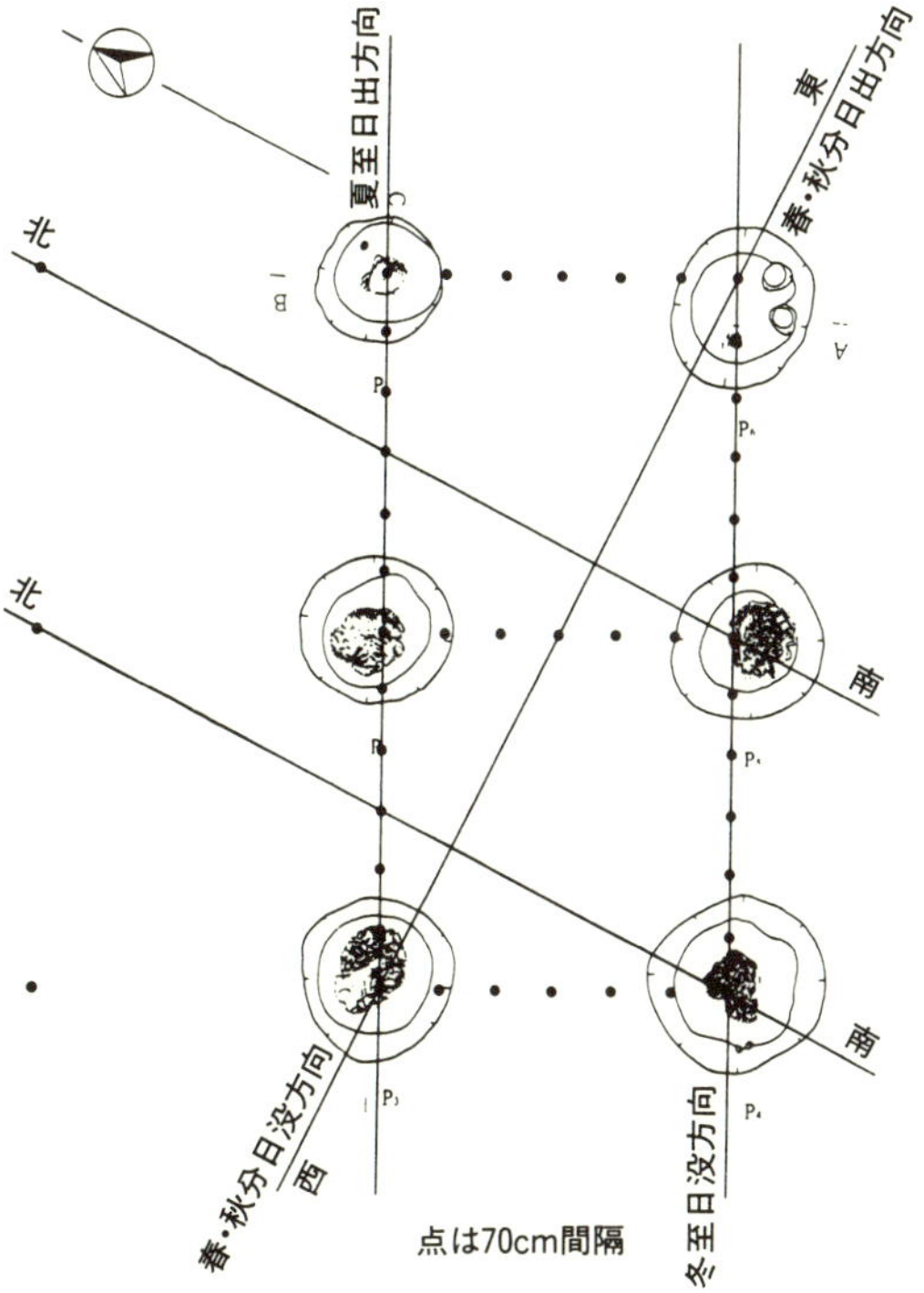

図2　六本柱巨木柱列と方位（岡田康博他 1996『三内丸山遺跡VI』）の図に点と線を追加

青森市の三内丸山遺跡は縄文時代前期中頃（五五〇〇年前）から中期末（四〇〇〇年前）までの一五〇〇年ほど続いた大規模集落だが、大型の六本柱が復元されている。この柱を神木と見る説と家の柱と主張する説があるので、単なる柱でない復元をしているが、太田原潤は「三内丸山遺跡の六本柱は建物か」と題する論考で、次のように書いている。

パソコンによるシミュレーションや実際の写真撮影等を通じ、巨木柱列の位置と柱穴の配置を検討してみたところ、図2のように、日の出、日の入り、方位との関係においては、長軸方向が冬至の日の入りと夏至の日の出方向に対応し、それぞれの延長上の有意な位置に岩木山、高森山があることがわかった。一方、対角線方向は春分・秋分の日の出、日の入りの方向、即ち東西に対応し、日の出の位置には三角岳があることがわかった。また、北側木柱列の中間点と南側木柱を結ぶラインは正確に南北を指し、北側の延長には北海道の駒ヶ岳が位置することがわかった。これらは、人間の力が及ばない太陽の運行や景観を、遺跡の位置と木柱の配列を工夫することによって自らの社会の中に秩序付けた結果とみることができる(11)。

このように太田原潤は書くが、小林達雄は「三内丸山遺跡の六本柱は夏至の日の出および冬至の日の入りを柱廊の真中に望むことができる」と書き、太田原潤が撮影した一九九九年の夏至の太陽が昇る**写真3**を示し、更に同じ年の冬至の日の入りの六本

写真3　夏至日没（1999年）

写真4　冬至日没（1999年）

柱の**写真4**を示す。このような事実から小林達雄は、「六本柱は、現在三層の床が張られているが、これでは日の出、日の入りを妨《さえ》ぎる恰好となり、縄文人の意図を否定する結果となっている。ましてや屋根を架けるという復元にいつまでも拘るのは、縄文人に対する冒瀆とさえいわねばなるまい。諏訪の御柱のように六本が天を衝いてすっくと立つ姿こそ本来のカタチであり、縄文人の世界が初めて偲ばれるよすがとなる」と書いている。[10] 私は小林達雄・太田原潤の主張をとるが、この柱が高木神である。神の数を「一柱」「二柱」と今も言っているのは、神が「柱」に宿るからである。

インカの遺跡と前原遺跡の太陽祭祀と柱

縄文時代の「柱」「高木」が太陽信仰にかかわることを書いたが、このような信仰はわが国だけではない。エジプトには太陽神殿がある。太陽神殿は第一・第二王朝時代（紀元前三〇〇〇年頃〜前二六八〇年）から古王国時代の第五王朝（紀元前二四九四年〜前二三四五年）に作られている。第四王朝の王（ファラオ）たちはピラミッドを建造したが、第五王朝のウセルカフ、サフラー、ウウセルラの三人の王

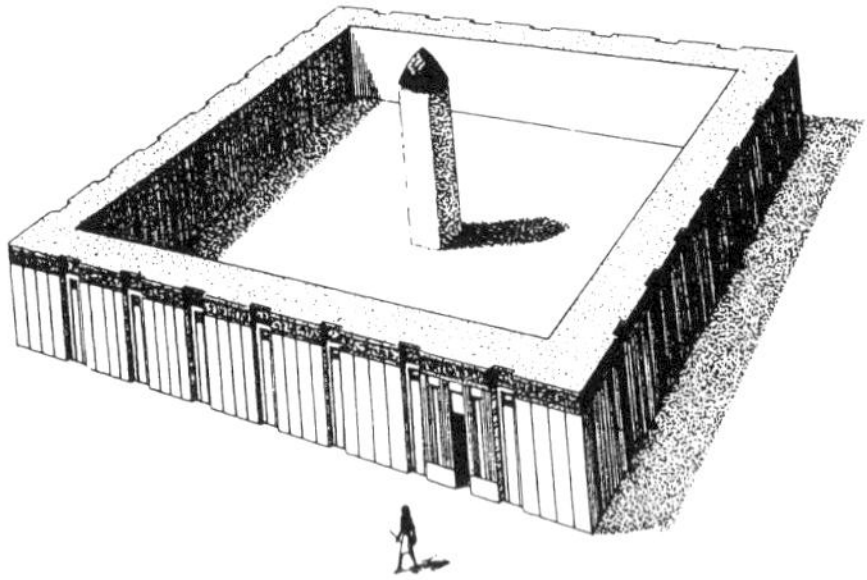

図3　ヘリオポリスの太陽神殿（フェニックス神殿）の復元図

は、太陽神ラーとヘリオポリスの最高神官の妻との間に生まれた三つ子で「太陽の子（サー・ラー）」と呼ばれていたから、彼らはピラミッドも建造したが、より以上に太陽神殿の建造に力を入れた。**図3**はヘリオポリスの太陽神殿（フェニックス神殿）の復元図で、神体というべきものはやはり柱である。ヘリオポリスの古代名の「イウヌ

ゥ」は「柱の都」の意である。

写真5はインカのマチュ・ピチュ遺跡にある、「インティ・ワタナ」といわれている柱である（「インティ」は「太陽」、「ワタナ」は「しばる」の意）。インティ・ワタナはマチュ・ピチュ遺跡でもっとも高い所にあるのも太陽祭祀のためであった。インカの年代記作者のフェルナンド・モンテシノスは、「賢人や占星家や王自身、皆、入念に夏至や冬至を調べた」と書くが、インカは南半球にあるから二至（冬至・夏至）、二分（春分・秋分）は北半球と逆である。インカの暦では冬至の月の六月を「インティ・ライミ（太陽の祭り）」といい、この月には太陽を祀る祝祭や、新しい火をつくる儀式が行われたが、カトリック教徒になっている現代でも、アンデス一帯では「インティ・ライミ」と呼ばれる

写真5　ペルーのマチュ・ピチュの「インティ・ワタナ（太陽をつなぐ柱）」

写真6　チアワクナ文化のカラササヤ遺構の石柱

太陽祭が、冬至に行われており、インカの太陽信仰は根強く残っているが、その信仰でも柱を立てる。夏至の十二月も「カバック・インティ・ライミ」と呼ばれ太陽の祭りが行われているが、柱が太陽祭祀にかかわっているのは、日本もエジプトもインカも同じである。

インカ文明は紀元前からのアンデスの文明を継承しているが、その一つにチチカカ湖東岸に盛えた紀元前一〇〇〇年頃からのチアワクナ文化がある。この遺跡にも三十年ほど前、私はマチュ・ピチュ遺跡と共に訪れたが、「太陽の門」と呼ばれる門の近くのカラササヤ遺跡には、**写真6**のような石柱が立っており、二至・二分の時の祭祀の神柱といわれている。このような「柱」はわが国の縄文人が立てた「柱」と意図は同じである。古代人の信仰は洋の東西を問わず太陽（日神）信仰とかかわり、その表象が「柱」だが、この

「柱」の神名が「撞賢木厳之御魂」であり、『古事記』の書く「高木神」である。そして「天疎向津媛」か「天照大御神」の前身の「日女《ひるめ》」である（日女の性格は後述する）。
　原田大六は福岡県前原市の弥生時代終末期の平原遺跡出土の鳥居穴（鳥居穴は二つあるので、原田は「一の鳥居」「二の鳥居」と書く）について、「一の鳥居」と割竹形木棺と日向峠を結ぶ**図4**を示し、棺の被葬者を伊都国の女王と見て、日向峠から昇る朝日が被葬者の「股間に光線を射し込む」と書くのは、遺体の下半身が日向峠に向いているからである。原田大六が被葬者を女性と推測するのは、棺内と棺外の出土遺物に武器の出土例が少ない事をあげるが[12]、渡辺正気は出土した「耳璫」が中国・韓国では「もっぱら女性人骨の耳・頸部付近で発見される」から、「被葬者が女性であることを示す積極的な証拠」と、「平原弥生古墳出土の玉類について」と題する論文で論証

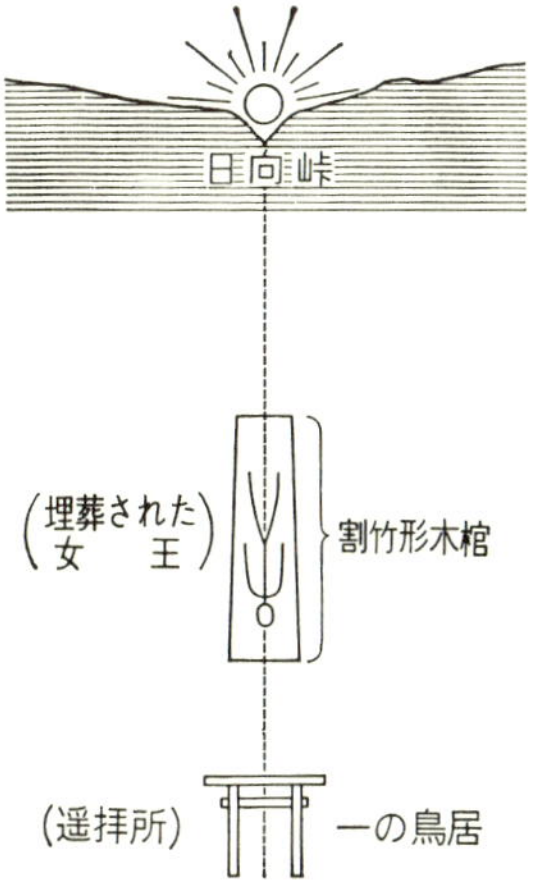

日向峠から秋の十月下旬に出た朝日の光芒が，平原弥生古墳の被葬者である女王の股間を射すのを，鳥居で神として祀っている。太陽はこの場合には男性で，女王はその妻と考えられた。

図4　太陽と女王の一体化

している。(13)

平原遺跡の場合は遺体だが「天疎向津媛命」の「向津媛」という神名は「天」からはるか遠い地で、「天」に向っている媛《ひめ》の意だが、この媛は「日女」だから、天の日神に向う「向津媛」である。平原遺跡の被葬者の「女王」の遺体は、日向峠から昇る朝日が女王の陰部を射る聖婚秘儀を暗示しているが、原田大六は日向峠から朝日が昇る時期を神嘗《かんなめ》祭に近い「山沿いでは稲刈りがはじまっている十月の中旬」とみている。神嘗祭はその年の稲の新穀を伊勢神宮に奉納する祭で、十月十七日に行われ、戦前は休日であった。インカのマチュ・ピチュ遺跡にある「太陽神殿」には石のベッドがあり、**写真7**は太陽神殿に冬至の朝日が窓を通して差し込んだ瞬間を撮った写真だが、平原遺跡の遺体と同じに朝日の射す方向に、「太陽の処女」の意の「アクヤクーナ」が足を向けて寝ている。つまり「天疎向津媛」として聖婚秘儀を行っているのであり、死者と生者の違いはあっても、インカとわが国の発想は共通している。

ところでインカのマチュ・ピチュ遺跡には、**写真5**で示したインティ・ワタナ（太陽をつなぐ柱）があるが、天文考古学者のジェラルド・ホーキンズは、インカの各地にあったインティ・ワタナは冬至・夏至、春分・秋分の日を影によって観察していた

写真7　太陽神殿に冬至の朝日が差し込んだ瞬間

と書く[14]が、前述したように縄文時代のわが国の柱も同じ意図があった。その意図は弥生時代終末期の平原遺跡からもいえる。原田大六は述べていないが、この遺跡は一九九一年から九八年にかけて前原市教育委員会によって更に発掘・調査されている。調査責任者の柳田康雄は主体部墓壙の割竹形木棺のすぐ横（右側）の抗列の線上に、柱穴があることを新しく発見している。この柱穴は六五センチあるから、諏訪大社の「御柱」の例から「大柱は長さ一五メートル前後で、地上に一三メートルの高さでそびえていた」と書く[15]。この「高木（御柱）」と鳥居と異形建物は一直線に結びついている（**図5**）。

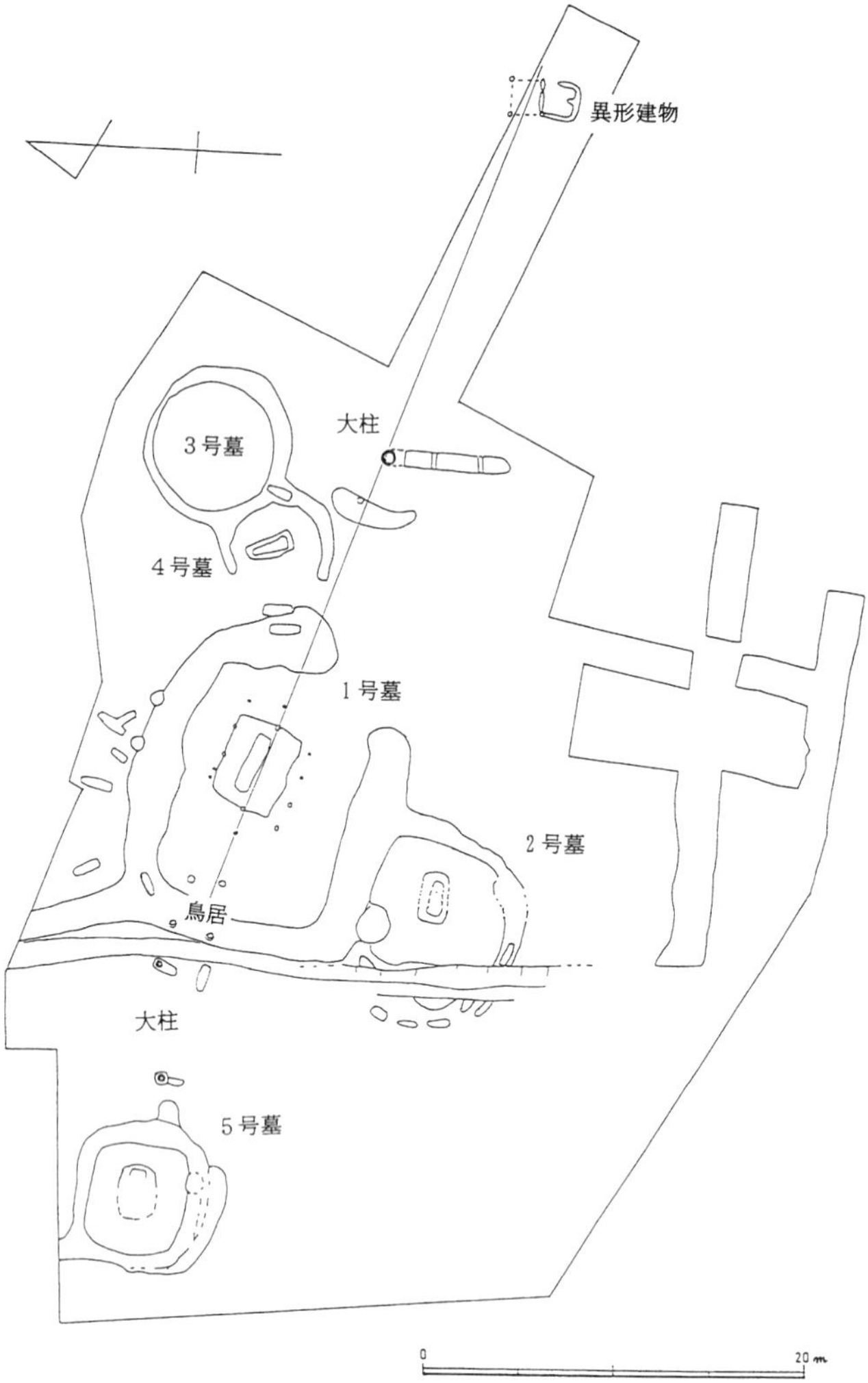

図5　平原墳墓群遺構配置略図

写真8　「鳥居」・坑列・「大柱」を結ぶ延長線に日向岬

この一直線に結ぶ線を延長すれば、**写真8**が示すように日向峠に至る（**写真8**の一番手前にある二つの穴が「一の鳥居」跡）。柳田康雄は「『一の鳥居』といわれる二本の立柱の中心点に立つと、『両棟持柱（主軸線）』と言われる四個のピットを結ぶ延長線上に日向峠が一致する事実は軽視できない」と書き、「大柱を立てる方向は、太陽信仰に基づく被葬者の役割と関連する」と書き、「『一の鳥居』の中心点に立つと、四個の小穴と『大柱』を結ぶ直線の日向峠から日の出を迎えられる」から、日向峠から昇る朝日を拝せる時期に被葬者が亡くなって埋葬したか、すでに亡くなっていたが、その時期を選んで埋葬したのではないかと推測している（しかし柳田は原田・渡辺のように積極的に被葬者を女性と断定はしないが、女性であることを否定はしていない）[15]。

平原遺跡の大柱はマチュ・ピチュ遺跡のインティ・ワタナ（太陽をつなぐ柱）であり、撞賢木厳之御魂である。そして平原遺跡の埋葬者（女王）はマチュ・ピチュ遺跡のアクヤクーナ（太陽の処女）であり、天疎向津媛である。撞賢木厳之御魂は高木神であり、天疎向津媛は天照大御神である。

高木神・天照大御神と「カムロキ」「カムロミ」

「天疎」は「天」から遠く離れた所をいうが、そこで「向う」のはなにに対しての「向津媛」か。日神・太陽に対してである。「天疎向津媛」は「日女」「日妻」を意味している。この「天疎向津媛」が『古事記』では日神に成り上り「天照大御神」になっており、「撞賢木厳之御魂」が高木神になっている。「撞賢木」については前述したが上田正昭は「神体木」のことと書き[9]、伊勢神宮の正殿の御神体とされている「心御《しんのみ》柱《はしら》」（天御柱）のこととし、松前健はこの御柱を「陰陽和合の基《もと》となる存在」と書いているが、「陰陽和合」は性交表現であり、「撞《つき》」を冠する「賢木」は、「高木」（柱）を男根に見立てて女陰を「撞《つく》」「賢木」と書いている。「撞」は名詞では「まっすぐな棒」、動詞では「突く・突き破る」の意である（藤堂明保編『漢和大辞典』学習研究社）。「撞」が冠されている「高（賢）木」は、単に立っている高い木のイメージではない。この神名が伊勢神宮に祀られる女神名に冠されているが、伊勢神宮は日神を祀るのだから、日光が「突く」「射す」イメージが「天疎向津媛」に冠された「撞賢木厳之御魂」にはある。

写真9　長野県佐久穂町に立つ縄文中期の巨大石柱

写真9は長野県佐久穂町に立っている高さ二・二五メートル、最大径二七センチの縄文中期後半か後期の巨大石柱であり、前述した御柱と同じ「柱」だが、最頂部の造型から見て男根表象であり、「撞賢木」であり、「高木神」で

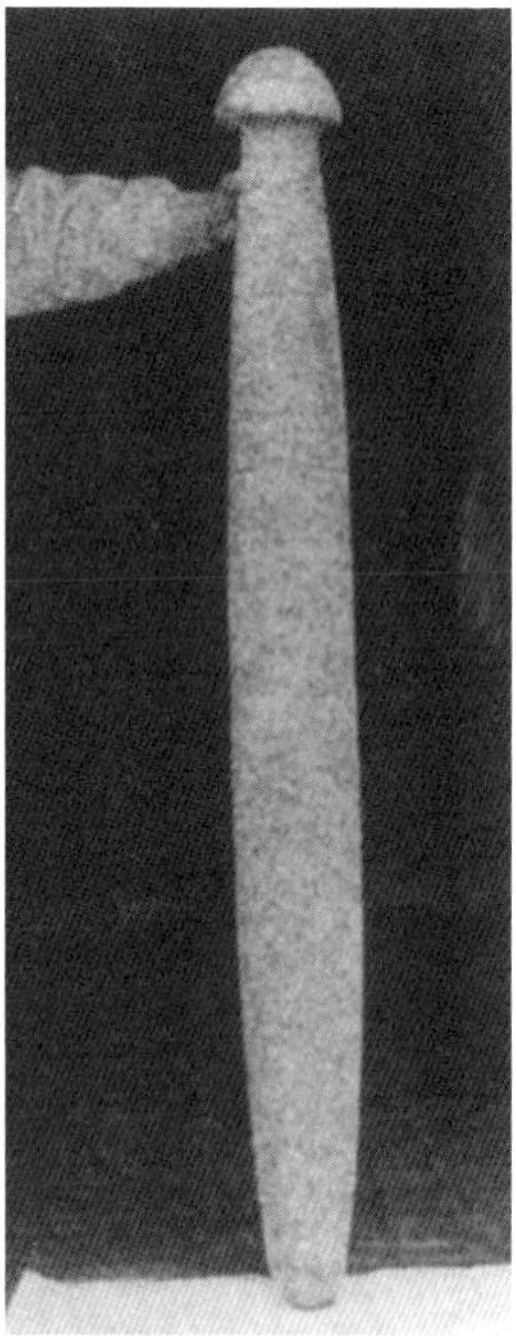
写真10　縄文後期の長野県佐久市の月夜平遺跡出土の巨大な石棒

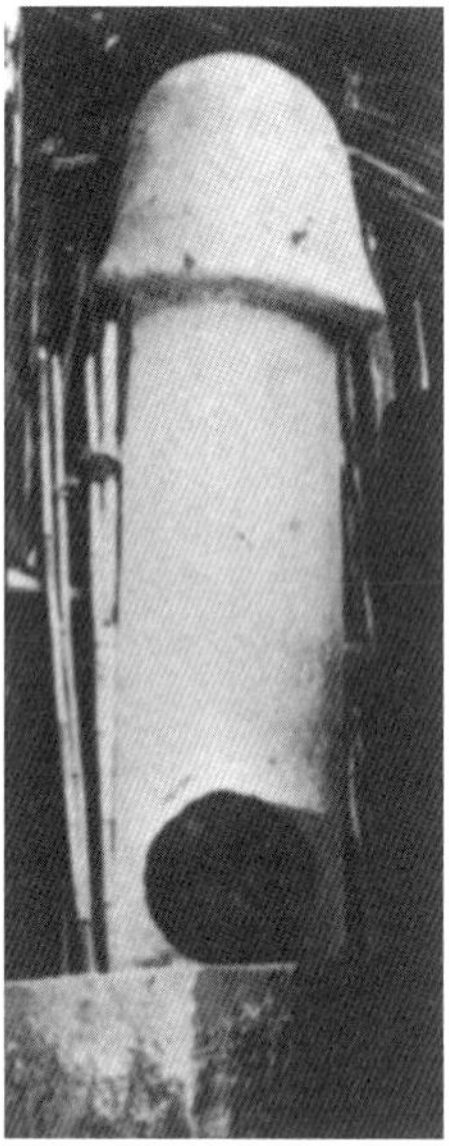
写真11　神奈川県秦野市に立つ巨大な男根形道祖神

ある。このような造形物は**写真10**の縄文後期の長野県佐久市の月夜平遺跡出土の巨大な石棒と共通している。この石棒は全長一・五二メートル、最大径一七センチである。このような表現は現代にも見られる。**写真11**は神奈川県秦野市今里中立に立つ**写真9**の二メートル余の男根形石棒に近い、二メートル弱の男根形道祖神である。

このような巨大化は縄文時代の巨大柱が太陽信仰とかかわっていたことと関係する。

前述したが**写真1・2・3・4・5・6**、**図1・2・3**の高木が、すべて冬至・夏至

・春分・秋分の太陽とかかわることを述べたが、高木神は男根表象である。本来の『記』の降臨神話の司令神の男女二神は、撞賢木厳御魂と天疎向津媛命の二神で、次のような関係になる。

カムロキ──→イザナキ──→ツキサカキイツノミタマ──→タカキ
カムロミ──→イザナミ──→アマサカルムカツヒメ──→アマテラス

この関係の「タカキ」と「アマテラス」と『記』は「天照大御神・高木神」と書いて女神をトップに書いているのは、原『古事記』の「天照大御神」は前述したように持統天皇に重ねているから、『古事記』は「大神」でなく「大御神」と書いているのである。岩波書店版『日本書紀　上』は補注で、「津田左右吉は、天照大神という神名は、その抽象的な点から比較的に新しい時期に成立したものとした」と書くが、「天照大日孁尊」という神名からみても、「アマテラス」は「オホヒルメ」に冠された抽象的・観念的神名である。したがって『記』が一貫して「天照大御神」と書くのに対し、前述したように『紀』本文は日神を「大日孁貴《ひるめむち》」と書き、「一書に云はく、天照大神といふ。天照大日孁命といふ」と書く。日妻の「日女」を日神に成り上らせたから、「日女」を「日孁」と書き、さらに「大」を冠したのである。このように「天照大御神」と『古事記』は一貫して書くのに対し、『日本書紀』巻一（上巻）の本文は「天照大神」を「大日孁貴」の「亦名《またのな》」「別名」と書いて、本名は「ヒルメ」と書く（もちろん「女」を「孁」と書いてはいるが）。しかし天孫降臨神話の載る『日本書紀』の巻二（下巻）では「天照大神」に統一している。しかし巻一（上巻）は「大日孁貴」「天照大神」「日神」「日神尊」という四例の書き方があって統一されていない。原『古事記』の成立は持統朝だが、原『古事記』は持統天皇が「孫」を皇位につけるために「神代記」を利用したから（そのことは前述二六頁〜五四頁）、その目的達成のため一貫して「天照大御神」に統一されているが、『日本書紀』の巻一では四例の書き方があって統一されていないのは、『古事記』のような意図が本文と一書になかったからである。しかし『日本書紀』の巻二になると、トップに天孫降臨神話が載り、天照大神に統一されているのは、巻二は『紀』の最終時期の政治情勢に合わせて編纂されているから、「天照大神」に統一されているのである（そのことは拙著『日本書紀成立考』で書いた）。

「天子」を「天孫」に変えた降臨神話は、編纂時代の編纂者の政治的意図が記事に反映されているからである。その代表例が『紀』では降臨の司令神が男女二神なのに、『記』で男か女かどちらかの一神が司令神になっていることである（五八頁に載せた三品彰英の表では第二の一書は司令神が二神になっているが、天孫を降臨させた司令神は一神）。本来の司令神は「祝詞」が証しているように、カムロキ・カムロミの男女二神で、カムロキは「撞賢木厳御魂」、カムロミは「天疎向津媛」である。そのことは祝詞が証している。

天神寿詞（中臣寿詞ともいう）の冒頭には、

　高天の原に神留《かむづま》ります、皇親《すめむつ》神漏岐・神漏美の命《みこと》もちて……。

とあり、降臨の司令神は「カムロキ」「カムロミ」である。「カムロキ」は「撞賢木厳御魂」で、前述の**写真9・10・11**の造形は、地上に降臨した「カムロキ」の表象である。この「皇親神ろき・神ろみ」が「命もちて」高天原から降臨したという「祝詞」の語りは、「天神寿詞」だけでなく、大嘗祭・鎮魂祭・祈年祭・月次祭・大殿祭・大祓祭でも冒頭で語られている。このようにわが国の神観念は、本来は男女二神の「対」であり、単独の独神《ひとりかみ》は中国思想が入ってからの神観念である。

そのことは『古事記』の「神世七代」が、

国之常立神―豊雲野神

宇比知邇神―角杙神―意富斗能地神

妹須比智邇神―妹活杙神―妹大斗刀弁神

於母陀流神―伊邪那岐神

妹阿夜訶志古泥神―妹伊邪那美神

という系譜で示している。始神の二神は独神だが、続くのは男女の二神である（「妹」は「女」の意）。そのことは『古事記』の冒頭の記事からもいえる。

天地初めて発《ひら》けし時、高天原に成れる神の名は、天之御中主神、次に高御産巣日神、次に神産巣日神、此の三柱の神は、並独神《みなひとりかみ》と成り坐《ま》して、身を隠したまひき。

とある。『日本書紀』の神代紀上巻（巻一）の一書の第四も、

高天の原に生《な》れる神、名《なづ》けて天御中主尊と曰《まを》す。次に高皇産霊尊。次に神皇産霊尊。

と書いて、三神を独神にしているが、タカミムスヒとカミムスヒは夫婦神である。そのことは斎部広成の『古語拾遺』が証している。

天地《あめつちわ》割れ判《わか》くる初《はじめ》に、天の中に生まれます所の神、名を天御中主神と曰《もう》す。次に高皇産霊神（古語多賀美武須比。是は皇親神留伎命なり）。次に神産霊神（是は皇親神留弥命なり）

とある。『古語拾遺』は大同二年（八〇七）二月十三日に平城天皇に献上した書である。この献上本にタカミムスヒをカムロキ、カミムスヒをカムロミのことと明記しているのは、平安時代初頭の識者の共通認識であったことを証している。この事実からも『記』『紀』がタカミムスヒとカミムスヒをアメノミナカヌシと同じ独神にしたのは、日本列島の人々の素朴な男女神信仰を、統治用の天皇制神話に改変した、上からの目線の神統譜だからである。その代表例が日神の妻の「日女」を「アマテラス」という日神に仕立てた工作に見られる。

『古事記』のタカミムスヒがタカキ神の別名なら、カミムスヒはアマテラスの別名で、

カムロキ――タカミムスヒ――高木神――撞賢木厳之御魂
カムロミ――カミムスヒ――天照大御神――天疎向津媛

となるが、天上（高天原）から降臨したカムロキの表象が大柱であり、巨大な男根像なのである。

『古事記』の「高御産巣日神」と「高木神」について

『古事記』の降臨神話の司令神の二神についての書き方は前述したが、三例あって一定していない。その三例は次の書き方である。

一、高御産巣日神　天照大御神
二、天照大御神　高御産巣日神
三、天照大御神　高木神

この三例のうち原『古事記』の書き方は「天照大御神・高木神」であろうと前述したが（神武記にも「高木神」「高木大神」とあることを例証にした）、天孫降臨神話の記事だけでなく、建御雷神が大国主神に対して、「天照大御神、高木神の命《みこと》以ちて、問ひに使はせり」と言っていることからもいえる。ではなぜ天孫降臨の司令神の記述の所では「高御産巣日神、天照大御神」に変えたのか。理由は初めて公式に『日本書紀』の講演・講義を弘仁三年（八一二）と翌年に行い、その講義の記録を『弘仁私記』三巻にまとめた多人長が、『日本書紀』の講演、講義のため多家にあった古文献を参考文献にした。その中にあった原『古事記』を曽祖父の太安万侶を序文の筆者に仕立てて世に出したから（詳細は『古事記成立考』『新版・古事記成立考』で書いた）、『日本書紀』の降臨神話の本文の司令神の「タカミムスヒ」を見て、「タカキ」を「タカミムスヒ」に変えたのである。『紀』本文は「タカミムスヒ」に「皇祖」を冠しているから、『記』の原文に「天照大御神　高木神」とあったのを、多人長が「高御産巣日神天照大御神」に変えたのであろう。『記』の記述でも、後に書かれているのは「天照大御神　高御産巣日神」になっている事実からみても、「天照大御神　高木神」とあった元本を改めたことがわかる。そのことは高木神は高御産巣日神の別名と書いた後は、すべて「高木神」とあり、神武記には「高木大神」と書かれていることからも、原『古事記』は「高木神」とあったのを、『日本書紀』の降臨神話の本文に、「皇祖高皇産霊尊」が司令神になっていたから、現存『古事記』で「高木神」を「高御産巣日神」に改めたのである。

『古事記』の降臨神話は内廷（後の「後宮」）の成立だから「女の語り」である。したがって『日本書紀』が無視する女神の神産巣日神が活躍する。『古事記』は天照大御神・高木神（高産巣日神）・神産巣日神が、葦原中国へ降臨させる司令神になっているが、派遣は三段階で最初の司令神は女神の「カミムスヒ」である。

	派遣する神	派遣される神
1	神産巣日御祖神	𧏛貝比売・蛤貝比売・少名毘古那神
2	高皇産巣日神・天照大御神	天菩比神・天若日子・鳴女
3	天照大御神・高木神	建御雷神・天忍穂耳命・邇邇芸命

『古事記』は「神産巣日御祖神」と特に「御祖」と書いているが、この御祖神の「祖」は「母」の意である。御祖神は『記』の最初の登場は、スサノヲに殺されたオホゲツ姫神の「頭に蚕生《な》り、二つの目に稲種生《な》り、二つの耳に粟生り、鼻に小豆生り、陰に麦生り、尻に大豆生りき。故ここに神産巣日御祖命、これを取らしめて種と成《な》しき」である。

　次の記事は殺された大国主神（大穴牟遅神）を生き返らせる為に、高天原から神産巣日命は𧏛貝《きさかい》比売と蛤貝《うむかい》比売を遣わして、「母の乳汁を塗って」生きかえらせたとある。さらに少名毘古那《すくなびこな》神の「母親」を神産巣日御祖神と書き、この御祖《みおや》神のカミムスヒを葦原中国へ派遣して大国主神の国造りに協力させたと書く。このように『紀』では登場しない女神カミムスヒを、「御祖神」と特に書いている『古事記』の記述から見ても、『古事記』は天武朝の内廷で皇后主導で編纂され、皇后が天皇になってさらに神代記（主に降臨神話）に手が加えられ、「フルコトフミ（古事記）」の原本が完成していたと推測できる。国譲りの鑽火《きりひ》儀礼で大国主神は、

　是の我が燧《き》れる火は、高天原の神産巣日御祖命の　登陀流天《とだるあめ》の新巣《にひす》……。

と言ったと書かれているように、神産巣日御祖神は高天原の神であっても、大国主神や少名毘古那神にかかわる母（御祖）神であり、天照大神・高木神（高御産巣日神）など天子（孫）降臨にかかわる神と、『古事記』は区別している。

神産巣日神を『記』が「御祖《みおや》」と書くのは大国主神や少名毘古那神の「御祖」だから、死んだ大国主神を「母の乳汁」で生き返えらせているのである。西郷信綱は「母の乳汁」を単に火傷の治療法とみる解釈だけでは不充分で、母乳の霊威をくみとるべきとだと述べている。[16] 第一章の冒頭でも書いたが、『古事記』は母の力を強調しているから、『日本書紀』が書かないカミムスヒを「御祖神」と書いて最初の降臨の司令

神にしている。この事実はほとんどの論者が無視しているが、『古事記』が『日本書紀』と違う代表例の一つだから改めて指摘しておく。

持統朝で孫の軽皇子を皇位につけるために、「天孫降臨神話」は作られたが、原初の降臨神話は「天子降臨神話」であった。そのことは『古事記』の神話譚は「子」または「母と子」の神話譚はあっても、「孫」「祖母と孫」の神話譚はまったくないことからいえる。これは『日本書紀』にもいえることだが、この事実からも本来の降臨神話は天子降臨譚であって、天孫降臨譚は葛野王が「神代より以来、子孫相承《あひう》け」と発言するために作文され、原『古事記』に記された神話である。しかし司令神が「天照大御神」だけでなく、「高木神」が加わって男女二神なのは、祝詞の高天原の司令神を「カムロキ」「カムロミ」の二神にしているように、古代人の神観念は男女二神であり、一神観は外来思想に依っていたからである。なお見落してはならないのは、「高木神」と「高御産巣日神」の二例の書き方があることである。前述したがこの事実は、原『古事記』に新しく序文を偽作して世に出したのが現存『古事記』であることを証してる（高木神は原『古事記』の記述で、「高皇産霊神」は現存『古事記』を世に出す時に「高木神」に変えた神名である）。

持統天皇の伊勢行幸と伊勢神宮の祭祀

『古事記』の降臨神話は前述（三九頁）の「神代以来」の発言からすると、次のような関係である。

天照大御神――天忍穂耳命――邇邇芸命
　　‖　　　　　　‖　　　　　　‖
持統天皇――草壁皇子――文武天皇

葛野王が、「神代以来、子孫相承、以襲㆓天位㆒」と発言し、特に「神代」を強調し、「子」や「兄弟」でなく、「子孫」といい「孫」を入れて発言している事から見ても、すでに持統十年の皇位継承会議の頃には天孫降臨神話が作られ、その「天孫」を意識して葛野王は発言したのであろう。黛弘道も前述の論考で、「記紀神話自体が、七・八世紀の政治情勢の忠実な反映と見られるふしが多いから、持統を天照大神に比定できるなら、その孫文武は天孫瓊瓊杵尊に擬定されるであろう」と書いている。[3] 倉塚曄子も『巫女の文化』所収の「斎宮論」で、「『大君は神にしませば』とか『高光る日の御子』とかうたった作品の多くが、宮廷詩人として持統の意を体して多く儀礼歌を作った柿本人麻呂の作であることは、女帝と『日の御子』の思想の深いつながりを傍証するものである。この思想がもっとも強まった時期に、自らもそう呼ばれその血統意識を情緒的にも感受できた持統女帝こそが、皇祖神アマテラスの確立にあずかって力あったのではないか」と書き、持統女帝＝アマテラスと推測している[17]。私も天照大神を祀る伊勢神宮へ、歴代天皇のうち唯一持統天皇のみが行幸したのには、黛・倉塚が述べるような理由があったと思う。

　持統天皇は持統天皇六年三月、伊勢行幸を強行しているが、その時三輪高市麻呂は、中納言の職を自から辞して、強行に反対している。この高市麻呂の強い反対に賛成している『日本書紀』の持統紀の編者は、「諫《いさめ》に従ひたまはず、遂に伊勢に幸す」と書いて、高市麻呂の行動を「諫」と書いており、漢詩集の『懐風藻』で藤原麻呂（万里）は、三輪高市麻呂が中納言の職を辞して、持統天皇の伊勢行幸に反対したことを賞讃した漢詩を、二首載せている。なぜこのような強い反対がこの時代におきたのか。理由は現代人が考えるような伊勢神宮では、当時はなかったからである。

　直木孝次郎は一九五一年に「天照大神と伊勢神宮の起源」と題する論考を発表し、

この論文の一部に手を加えて、一九六四年刊行の著書『日本古代の氏族と天皇』に収録している。この論考で直木孝次郎は「伊勢地方に神威を有する地方的な神」が、「壬申の乱における天武天皇の勝利」によって皇室の神になったと結論している(18)。日本古代史学界では直木説が通説化しているが、この通説を岡田精司は批判して、その批判を集大成した一九九二年刊行の著書『古代祭祀の史的研究』に、「伊勢神宮の成立と古代王権」と題する論文を載せている。その論文で「伊勢神宮の地方神からの昇格説」は「戦後の通説」と書き、しかし「公的な王権守護神が伊勢に祭る太陽神であるという建前は、五世紀以来変ることがなかった」と結論して、五世紀後半の倭王武が活躍した雄略朝の頃、河内・大和の王権の太陽祭祀が伊勢でも行われたと書く(19)。岡田精司は具体的史料を示していないが、雄略天皇十八年八月十日条に、天皇は「物部菟代宿禰・物部目連を遣して、伊勢の朝日郎を伐《う》たしめたまふ」とあり、大和王権の伊勢信仰の記述は雄略紀に載り、それ以降の王権関与記事も『記』『紀』に載る。しかしその頃に伊勢で祀られていた日神が、女神であったかは疑わしい。拙著『神と人の考古学——太陽信仰論——』で論証したが男神であった(男神の太陽神は「天照御魂神」といわれていた)。

問題は正式に皇室の神になった時期である。松前健は「大嘗祭と記紀神話」と題する論考で「恐らく伊勢信仰の高まった天武朝以降」と書き(6)、直木説の天武朝とせず「以降」を加えている。上田正昭も『伊勢の大神』所収の「神宮の原像」で、「伊勢神宮最大の祭儀である式年遷宮も、天武朝に定められて、持統天皇四年（六九〇）から実施されたとするのが定説である。いかに皇祖神信仰がこの時期に具体化したか知ることができる。持統天皇がその六年の三月、三輪高市麻呂の諫言をおしきって、伊勢行幸をなしたのも、たんなる遊楽のためではなかった」と書く。そして雄略朝以来の伊勢の『日神』信仰が、「より体系化されたのは、天武・持統朝であった」と書き、持統天皇三年（六八九）四月皇太子草壁王子が薨した時、柿本人麻呂が詠んだ殯宮挽歌（一六七）、

天地《あめつち》の　はじめの時　ひさかたの　天の河原に　八《や》百万《およろづ》　千万神《ちよろづかみ》の　神集《つど》ひ
集ひ座《いま》して　神はかり　はかりし時に　天照らす　日女《ひるめ》の尊《みこと》（一に云ふ、さしのぼ
る日女の尊）　天をば　知らしめす

を示して、この挽歌からは、「〃天照らす日女《ひるめ》の尊〃を高天原の主宰神とする神統譜と宮廷神話がほうふつと浮かぶ」と書いている(20)。

筑紫申真は『アマテラスの誕生』で、『日本書紀』の天武紀朱鳥元年（六八六）四月二十七日条に、多紀皇女・山背姫王・石川夫人を「伊勢神宮に遣《つかは》す」とあるから、この年から持統天皇十年（六九六）の高市皇子の殯宮で柿本人麻呂が詠んだ挽歌の「渡《わた》会《らい》の斎宮《いつきのみや》」とある時期の十年間に、日神で皇祖神の「天照大神」が誕生したと書く[21]。伊勢神宮最大の祭儀の式年遷宮の実行も持統天皇四年であり、持統天皇の行幸が持統六年だが、行幸先で次のような勅令を出している。

　過ぎます神郡、及び伊賀・伊勢・志摩の国造等に冠位を賜ひ、幷《あはせ》て今年の調役《えつき》を免し、復《また》、供奉《ことにつかえまつ》れる騎士、諸司の荷丁、行宮造れる丁《よほろ》の、今年の調役を免《ゆる》して、天下に大赦す。

　このような勅令からも女帝の伊勢行幸への思い入れがわかるが、持統天皇四年の伊勢神宮の式年遷宮の時に、世襲の禰宜であった渡会氏を、藤原・中臣氏をバックにした荒木田氏に禰宜を変えている。この事実は前述した天照大御神＝持統天皇、天忍穂耳命＝草壁皇子、邇邇芸命＝文武天皇という神話作りに、藤原・中臣氏の関与を推察させるから、第二章の終りには、そのことを書く。

葛野王の「神代以来子孫相承」の発言と持統天皇

『日本書紀』持統天皇四年正月一日条に、「皇后、即天皇位《あまつひつぎしろしめ》す」とあり、「神祇伯中臣大嶋朝臣、天神寿詞を読む」とある。天神寿詞は中臣大嶋が詠んでいるが、中臣氏がたまたま神祇伯であったからでなく、中臣氏は神祇氏族であり、持統朝に中臣・藤原氏が皇位継承に深くかかわっていたから、持統朝から天神寿詞が詠まれたのであろう。そのことは天神寿詞を「中臣寿詞」ということが証している。この寿詞について岡田精司は次のように書いている。

即位と天孫降臨神話の関係を裏づけるものには、「中臣寿詞」がある。これは天神寿詞ともいい、「持統四年紀」や「神祇令」践祚条にみられるように、本来は即位儀の式典において神祇官の中臣氏が奏上するものであった。それが平安時代に入ると大嘗祭辰の日の節会で奏上するものに変ってしまう。現在知りうる院政期の「中臣寿詞」は前半の高天原からもたされる聖水の由来の話と、それと全く関係のない後半の大嘗の斎田奉仕のことが、木に竹を継いだように並んでいる。後半部の、明らかに大嘗祭で奏上するようになってからの追加部分を除いて読むと、本来の前半部分は天孫降臨の時に中臣の祖神を天上に水を取りに遣わす話である。即位の場で奏上する中臣氏の奉仕由来譚が天孫降臨にかかわるものであることも、両者の密接な関係を裏づけるものといえよう。(22)

「中臣寿詞」が「天神寿詞」といわれ、この寿詞は初めて持統天皇四年の即位式に中臣大嶋によって読まれていることは、

中臣（藤原）氏―天神―高天原―降臨儀礼―即位儀礼

と結びつき、私は『記』の降臨神話が「天子」から「天孫」に変ったことと、葛野王が「神代以来」と言って「皇子」でなく「皇孫」の即位を認めさせた背後に、持統天皇と藤原（中臣）氏による『古事記』神代紀の降臨神話工作を推測する。

前述した『懐風藻』に載る「日嗣」の会議での葛野王の発言、子だけでなく孫も皇位を継ぐのが神代からの法というのは、事実でないから、弓削皇子が反論しようとしたと、直木孝次郎は『持統天皇』で述べて、弓削皇子は実兄の長皇子を「日嗣」に推そうとしたが、葛野王が弓削皇子の発言を止め、弓削皇子も沈黙してしまったのは、「持統の考えが軽皇子の上にある以上、問答しても無駄であることを、弓削皇子も気がついたので、あえて抗弁しなかった」と書く。そして葛野王の言う子孫への直系

相承が、「神代からの法であるというのは歴史的にみて事実ではない」と書いている。[23]
梅原猛は『黄泉の王』で、この「日嗣」の会議について、「群臣は、心から賛成したわけではなかったであろう。弓削皇子が沈黙したのは、葛野王の主張が正しかったわけでもなく、彼の語気がはげしかったからでもない。彼はだまって会議を見ている持統帝の眼がこわかったからであろう。この持統帝の眼ににらまれたら一たまりもない。群臣は、この時、大津皇子のことをあらためて思い出したであろう。この眼ににらまれた大津皇子は殺されたのだ。この眼にさからうことは恐ろしい。弓削皇子が発言を中止し、他の群臣が、それ以上、抗議をはさまなかったのは、その眼にたいする恐怖ゆえであろう」と述べている。[24]

　天武天皇の亡くなった直後、草壁王子のライバルとなる持統天皇と同じ天智天皇の皇女を母とする皇子は、成人では大津皇子のみで、長・弓削・舎人皇子らは少年であった。だが持統天皇十年の「日嗣」の会議の時には長・弓削皇子の兄弟は二十歳を越していたから、神田秀夫は長・弓削兄弟双子説を主張している[25]ほど、この兄弟の年齢は接近していた。この兄弟の一人が発言しようとしたのだから、葛野王は弓削皇子が何をいうかわかっていただろう。天武天皇の皇統は孫でなく子が継ぐべきであり、高市皇子の後継なら当然、長・弓削皇子であった（持統天皇七年正月には太政大臣高市皇子と長・弓削皇子が、浄広壱・浄広弐の位階を受けていることからも、そのことはいえる）。だから葛野王は弓削皇子の発言内容がわかっていたが、それに正当に反論することはできないから、持統天皇の威をかりて「叱《いさ》び」て発言をおさえ、一方では「神代以来」を主張して、降臨神話では「子」でなく「孫」が降臨しているから、正当だと主張したのである。神代の「天孫」をもち出したのは、前述（三二頁）したように歴史時代に入ると神武天皇以来、孫への皇位継承は皆無だったからである。

『古事記』は天武朝の内廷（後の後宮）で編纂されたが、神産巣日御祖神の記述など、前述（一〇二頁～一〇三頁）した記述で明らかのように、母神・女神、母・姨・女性の力を主張している（そのことは拙著『新版・古事記成立考』の第十一章を、「女性・母性的視点で書かれた原『古事記』と題して詳細に論じた）。私は天武朝の内廷（後の「後宮」）でほぼ完成していたフルコトフミに、持統朝になって主に神代紀に手を加えて、完成したのが原『古事記』と推測しているが、神代紀に手を加えたのは、古くから皇室も関与していた伊勢で行われていた日神信仰を、より強力に皇室の信仰に組み入れたからである（その工作には藤原不比等や中臣氏の協力があったろう）。その行動は『古事記』の神代紀と連動し、「天照」の神は「大神」でなく「大御神」と書かれるほどもちあげられたのである。理由は伊勢神宮の祭神が持統天皇に重ねられ、「天照大御神」と書かれたので、その天照大御神が「天子」でなく「天孫」を降臨させる神話を作って、わが国の歴史上かつてない異例の「孫」の皇位継承を実現させたのである。そのためには降臨の司令神は女神でなければならなかった。そのために原『古事記』の天孫降臨神話が作られたと、私は推測する。

第三章

太安万侶の墓誌出土と『古事記』の成立

太安万侶墓誌出土直後に読売新聞学芸欄に載せた私稿

上田正昭は太安万侶の墓誌出土は太安万侶が現存『古事記』を編纂した実証と言うが、(1) 太安万侶の墓誌は昭和五十四年（一九七九）一月二十三日に、奈良市此瀬町の茶畑から出土している。その墓誌には次のような記述がある。

左京四條四坊
従四位下勲五等
太朝臣安萬侶
以癸亥年七月六日卒之
養老七年十二月十五日乙巳

この墓誌の出土した翌日（一月二十四日）の朝刊各紙（東京本社版）は、大きく墓誌出土を報道した。その見出しには、

古事記偽書説の反証（朝日新聞）
偽書説消す〝実在説明〟（読売新聞）
『正書』『偽書』論争に拍車（毎日新聞）

とある。私は「偽書説消す〝実在説明〟」と見出しに大きく出している読売新聞社の学芸部の依頼で、出土一週間後の一月三十日の夕刊に、「太安万侶は『古事記』の編者か――太安万侶の墓誌出土に関連して――」と題する拙稿を載せたので、その拙稿の一部を示す。

太安万侶の墓が発見され、銅版墓誌が出土した。この墓誌出土について、国学院大学教授の樋口清之氏は「古事記について〝偽書ではないか〟というような疑問も出ていた。今回の発見で、古事記そのものの信用性も高まり、疑問の余地はなくなると思う」と語り（読売新聞一月二十四日朝刊）、古事記学者の倉野憲司氏は「安万侶はまぎれもない実在の人物であることの物証であり、古事記偽書説はこれで否定される」（毎日新聞一月二十四日朝刊）と語っている。しかし、太安万侶が実在していたことと、太安万侶が何をしたか、例えば、『古事記』を撰録・撰上したかということは、別問題である。

太安万侶が実在していたことは、墓誌が出土しなくても、『続日本紀』の慶雲元年正月、和銅四年四月、霊亀元年正月、霊亀二年九月、養老七年七月に、太安万侶（『続日本紀』では安麻呂）のことが記されているのだから、実在は明らかである。ただ、安万侶は五回も『続日本紀』に登場するが、『古事記』を編集したことは、まったく記されていない。『古事記』を太安万侶が編集したということは、序文に太安万侶が書いているだけである。自分が自分のことを書いている、もっとも主観的な資料しかないのである。

東大名誉教授の坂本太郎氏は『続日本紀』に太安万侶が『古事記』を編纂したという記事がないからといって、「決して事実の存在を疑わねばならぬものではない」（史料としての六国史）と書いている。客観的史料でしか論じないこの高名な日本古代史学者も、こと『古事記』となると、なぜ主観的資料のみ頼り、重んじるのだろうか。客観的史料（『続日本紀』など）に太安万侶のことは載っていても、稗田阿礼のことはまったくなく、『古事記』の記載もないから、元明天皇が藤原不比等に密かに作らせた書とする梅原猛氏の私本説があるが、私本だったら序文は必要ない。この麗々しい序文そのものが、私本説を否定している。だから、秘密文書説をとる駒沢大学教授の桜井光堂氏は、序文の文章は暗号だと書く。このような意見が出るのも、序文は勅撰書だと称するが、勅撰書であることを示す客観的史料がみあたらないからである。

序文は「私が古事記を撰録しました」と自称しているだけで、この序文の記事を太安万侶が書いたという客観的史料がないから、偽書説も出る。序文があるから偽書説が書かれるのであって、序文がついていなければ、偽書説などは生れはしない。つまり、序文に書かれていることの信憑性が問題なのである。

ところが通説は被疑者であるべき序文を、唯一の証人にしている。その上に立って、「古事記の編者太安万侶の墓誌発見」と報道しているのである。しかし厳密にいえば、「太安万侶の墓誌発見」であり、『古事記の編者』は「?」である。

（中略）

今度の墓誌発見で文献の確かさが実証されたといわれているが、その文献とは具体的には『続日本紀』である。私が問題にしたいのは、その『続日本紀』は五回も太安万侶のことを記していながら、どうして『古事記』撰録のことを記していないか、ということである。『続日本紀』の編者が落した（坂本太郎説）とか、秘密の書だから載らなかった（梅原猛・桜井光堂説）というような意見で、すまされる問題ではない。だが、すまされている。

墓誌の出たことによって『続日本紀』の太安万侶の没年の記載との関係は明ら

かになったのだから、この機会に、『古事記』が撰録されたと序文にある和銅五年正月の『続日本紀』の条に、なぜまったくそのことが記されていないかを、再検討すべきではないか。また偽書説を否定するのだったら、太安万侶とちがって他の文献にまったく記載のない稗田阿礼の墓誌が出てきたときこそ、大騒ぎすべきである。太安万侶の墓誌が発見されたからといって、『古事記』偽書説の否定にはならない(2)。

このように私は読売新聞の学芸欄に書いたが、私は『古事記』偽書論者でなくて、『古事記』序文偽書論者である。

太安万侶墓誌出土直後毎日新聞学芸欄に載せた私稿

太安万侶の墓誌が出土して実在が明らかになったのは、戸籍謄本に名前が載っているようなもので、実在は明らかだが何をやったかは謄本には載っていない（太平洋戦争以前の戸籍には犯罪を犯すと、そのことが載ったので〈前科〉、「戸籍を汚した」といわれていた）。それなのに太安万侶の名前の載る墓誌が出土したことをもって、太安万侶が『古事記』撰録者だと断定する樋口清之・倉野憲司・坂本太郎らは上田正昭と同じ、それぞれの分野の碩学である（樋口清之は考古学・歴史学。倉野憲司は国文学、特に古事記研究。坂本太郎・上田正昭は歴史学、特に日本古代史）。彼らがこの『古事記』に関しては、太安万侶の実在はすでに正史の『続日本紀』で明示しており、墓誌も『続日本紀』の記事と同じことを示しているのにすぎないのに、拡大解釈して『古事記』の序文を書いたことを証明したというのは、過大解釈であり、根拠のない発言である。

問題にすべきは『古事記』学者や日本古代史学の倉野・坂本・上田の諸氏は、なぜ正史の『続日本紀』で五回も太朝臣安万侶のことを書きながら、墓誌がまったく『古事記』を編纂したことを書かないのか、そのことを論究すべきではないのか。

読売新聞に寄稿した二週間後、毎日新聞の学芸欄に私は、「太安万侶と多人長——墓誌は序文の正当性を実証したか——」（一九七九年二月十七日夕刊）と題する拙稿を載せている。この論考では秋山日出雄（毎日新聞夕刊、二月五日）、直木孝次郎（読売新聞夕刊、二月五日）が、太安万侶の墓誌出土で、『古事記』の序文の正当性と太安万侶の撰録が実証されたと書いているので、これらの見解に対して反論して、私は次のように書いた。

秋山見解に対しては、「秋山氏は『古事記』序文ひいては古事記本文の資料的価値を考えるときの確実な資料を提供した」と言っているが、私も同感だが、墓誌出土の「勲五等」という勲位・「安萬侶」という書き方が、『古事記』序文と一致することを評価し、この書き方は墓誌の人物しか知らないし、できないという前提で、墓誌出土は「勲五等太安萬侶」が『古事記』を書いたことを証明していると発言しているが、「この勲位や名前は、安萬侶本人しか書けないであろうか。否である。墓誌を安萬侶の遺体と共に埋めた太（多）氏一族は書ける。次に、墓誌を埋めた人々の子や孫も書けるであろう。一族の『氏長』であり『民部卿』という太（多）氏にとって最高の官職についていた安萬侶のことを、彼らがそう簡単に忘れるはずはない」と私は書いて、墓誌に「勲五等太朝臣安萬侶」とあることをもって、彼が『古事記』編者であることを証明したという秋山見解に反論した(3)。

直木孝次郎は「太安麻呂の子孫（たとえば平安初期の学者、多人長）が、『古事記』撰録の功を祖先の安麻呂に帰するために、序文を安麻呂の名で偽作した可能性はあると考えていたが、『安萬侶』の墓誌発見で、『古事記』はやはり太安麻呂によって撰録されたとしてよいであろう」と書いている。私はこの直木見解について毎日新聞の学芸欄に発表の記事で次のように書いた（私が左の文章を書いたのは、『古事記』の序文は多人長が書いたと主張しているからである）。

多朝臣人長は、大同三年（八〇八）十一月、従五位下になっている（『日本後記』）。太（多）氏の従五位以上は、安万侶のあと、刑部大輔従五位上勲五等の犬養（七八一年）、参議従四位下の入鹿（八〇九年）だけで、ほとんど、正史に記録されている太（多）氏は従五位下である。人長の位階も従五位下どまりであるから、彼はこのとき四十歳を過ぎていたであろう。もし四十歳前としても、安万侶の死は養老七年（七二三）七月で、大同三年から八十五年ほど前であるから、人長の祖父や父は、氏長安万侶の葬儀に参列したであろう。今は茶畑になってしまった安万侶の墓地に、墓誌を立てるのに立会ったとも考えられる。その孫が多人長なのであるとすれば「安萬侶」と書くべきことや、「勲五等」を知っていたとしても、すこしも不思議ではないだろう。

まして多人長は『日本書紀』の講義をした博士（『承平私記』）である。『日本後紀』の弘仁三年（八一二）六月二日条に、次のように書かれている。

この日、始めて参議従四位下紀朝臣広浜、陰陽頭正五位下阿部朝臣真勝ら十余人をして、日本紀を読ましむ。散位従五位下多朝臣人長、執講す。

このような「執講」では、多人長は古語（古い表記）を正確に読むことを教えているのだから（『弘仁私記』序）、民部卿にまでなった自分たちの偉大な氏長の名を、正確に「安萬侶」と書いたとみても、無理な見解とはいえないであろう。太（多）氏の家には『多氏古事記』や『一《ある》古事記』など、現存『古事記』以外の『古事記』も伝わっていたし、平安時代の初めから大歌所の大歌師でもあったのだから、正しい「安萬侶」の書き方や勲位が、死後八十年ぐらい後まで伝わっているのは、おかしくないだろう。おかしくないどころか、伝わっているべきだと思う。

私は、墓誌に『古事記』のことがなにも記されていないのを問題にしたいが、そのことは別にして、墓誌が諸氏の書かれるように、『古事記』研究の資料提供になったことは認める。しかし序文の正当性の裏付になったと判断するのは認めがたい。逆に墓誌が序文と同じ勲位・名を記していることによって、序文は太（多）氏以外の人物には書けないことの実証と、多人長説の裏付になったと考えている。

そのように我田引水しなくても、序文と墓誌の一致によって太安万侶以外には

書けないという意見は、速断であることは確かである。(3)

太安万侶墓誌出土直後に雑誌に発表した私の論考

読売新聞に私見を発表した翌月の三月に、月刊雑誌の「歴史と人物」(中央公論社刊)四月号に、私は「太安万侶の墓誌発見と偽書説――墓誌は序文の正当性を実証したという批判に答える――」を載せた。その文章の主要部分を載せる。

一月二十三日(昭和五十四年)奈良市此瀬町の茶畑から太安万侶の墓誌が出土した。二十四日の読売新聞(朝刊)で国学院大学教授の樋口清之氏は、「従来、わが国最古の歴史書の古事記について〝偽書ではないか〟というような疑問も出ていた。今回の発見で古事記そのものの信用性も高まり、疑問の余地はなくなる」と語っている。新聞記事は新聞記者がまとめたものだから、話した人の真意が記事に出ていない場合もあるが、樋口清之氏は「週刊ポスト」(二月九日号)でも、次のように発言している。

私は嬉しかったですね。古事記偽書説がくつがえされるのですからね。続日本紀に一回しか登場せず、実在は疑わしいとされた人物が実在していたわけで、古事記は後世に創作されたものではないわけです。

このような発言の上に立って、新聞の「古事記偽書説の反証」というような見出しが書かれているのだが、果してこのような見出しや、樋口氏が語るようなことが、『古事記』についていえるであろうか。樋口清之氏が実在していることと、樋口清之氏がどんな著書を書いたか。または編集したかということは、別問題である。太安万侶も同様である。太安万侶が『古事記』を編纂したと墓誌にあれば別だが、そういう墓誌ではないのだから、実在の証明が事績の証明にはならない。それなのに太安万侶の事績が証明されたというのは、論理の飛躍であり、拡大解釈である。

また、太安万侶が「続日本紀に一回しか登場せず実在は疑わしいとされた人物」と語っているが、『続日本紀』に太安万侶は一回でなく五回も登場している。だから偽書論者も太安万侶の実在を疑っていない。ところが樋口清之氏は五回を一回と誤読し、その誤解の上に立って安万侶の実在は疑わしいといわれていたと、誤解の上塗りをしている。

実在が疑われていたのは、太安万侶でなく稗田阿礼である。稗田阿礼は『日本書紀』『続日本紀』にまったく記されていない。実在を証明する客観的資料はなにひとつない。だから稗田阿礼の墓誌が出てくれれば、阿礼の誦習の有無はともかくとして、序文の信憑性の援護になる。もし「古事記偽書説を消す」反証または実在証明としてよろこぶなら、稗田阿礼の墓誌が出土したときである。

このように稗田阿礼の実在を証明できる客観的資料は、なにひとつない。あるのは序文だけで、しかし序文は疑われているのだから客観的資料にはならない。あるとすれば稗田阿礼の実在を疑うのは当然だが、太安万侶は違う。太安万侶は『続日本紀』に五回も登場していながら、『古事記』編纂については、なにひとつ記されていない。これを不思議に思わないのはおかしいではないか。

（中略）

三重大学教授の岡田精司氏は「官人太安万侶と古事記」（東京新聞夕刊・昭和五十四年一月三十一日）で、墓誌に従四位下勲五等と記されているが、勲五等は序文にあって『続日本紀』に落ているので、偽作者が「正史に記載のない勲位を書けるはずがない」と書く。正史に記載がなければ勲五等は書けないであろうか。他人なら書けないが墓誌を埋めた太（多）氏一族なら書ける。多人長にとって太安万侶は曽祖父か曽祖父の親族の人物で、一族でもっとも高位・高官に昇った一族自慢の人物なのだから、その子孫が勲五等を知らないわけはない。したがって序文偽作者は勲五等は書けるはずはないという断定は無理である。正史に記載のない勲位を取り上げて偽書説否定の論拠とするなら、『古事記』そのものが正史に載っていないのはなぜか。そのことに答えてほしい。

岡田精司氏は「古事記序文の壬申の乱の描写は、幼き日のなまなましい記憶に裏づけられたものであらう」と書き、安万侶の死亡時期の年齢を六十歳前後とし、乱当時十歳前後の少年で、父品治と共に乱を体験したと推測するが、壬申紀によれば品治は美濃国穴八磨郡の湯沐令として現地で挙兵し、将軍として三千の兵を率て伊賀の莿萩野に陣を敷き、七月六日には莿萩野を襲った田辺小隅の騎馬隊を撃破し、その後も各地を転戦し活躍している。この品治が十歳前後の足手まといにしかならない安万侶を、わざわざ美濃から伊賀までつれてきて、戦場体験させるであろうか。安万侶の「幼き日のなまなましい記憶に裏づけられたもの」と書く岡田説は、「安万侶幻想」である。序文の記述は『日本書紀』の壬申紀を読めば書ける。(4)

このように中央公論社刊の「歴史と人物」の昭和五十四年（一九七九年）の四月号に、私は「太安万侶の墓誌発見と偽書説」と題して述べた（紹介した記事はその論考の一部である）。

太安万侶の墓誌出土と序文身分証明書説

前述の拙稿では太安万侶の墓誌出土で、太安万呂が書いたとする序文が偽作ではないということが確かめられたという見解を、批判したが、「歴史と人物」掲載の拙稿では、私説批判論者の当時法政大学教授であった徳光久也論文についても反論し、次のように書いた。

拙著『古事記成立考』（昭和五十年刊・大和書房）や、拙稿「古事記の成立」（古事記学会編集「古事記年報・二〇・昭和五一年」掲載）についての批判として、徳光久也氏は「古事記成立論批判」（『古事記年報・二二・昭和五二年』）を書いている。徳光氏への反論は別に書くので詳細ははぶくが、徳光久也氏は私説批判の結論として、「序文は、古事記自身の身分証明書」と書いて、序文に書かれていることはすべて正しいから、従うべきだと書く。しかしその身分証明書は誰が発行したのか。序文を書いた太安麻呂ではないか。自分で自分の身分を「保証」しているのではないか。本来、身分証明書は第三者が発行している。徳光氏の書く「古事記自身」が発行した『古事記』の「身分証明書」とは、大和岩雄が大和岩雄の「身分証明書」を発行したことになる。そのような「身分証明書」を徳光氏は「承認する」と書いているが、私は承認できない。

　徳光氏は序文に対する疑惑への反論として、「今のところ、大勢としては『古事記』成立の由来は、自ら発行した身分証明書である、序文によるより先づは致し方がない」とする、西宮説に落ちつかざるをえないようである」（傍点引用者）と書いている。西宮説とは序文偽書説への反論として書かれた西宮一民氏の「古事記序文の成立について」（『国学院雑誌』昭和四〇年四月号）という論考である。しかしこの反論は成り立たない。理由は「自ら発行した身分証明書」が通用しないことは、身分証明書をもつ小学生でもわかる常識だからである。このような常識を無視して序文をよりどころとしての私説への反論は、序文という被疑者を唯一の証人にした反論だから、証人にならないことは自明である。

　序文は被疑者だが墓誌は被疑者でないから、墓誌に『古事記』編纂のことが書かれていれば反証になる。しかし『古事記』に関する記述はまったくない。そのことを「偉業を誇らぬ簡素さ」と書き、森鷗外の墓碑と共通する文人気質から事績を貫いたと書く記述もある（毎日新聞の昭和五十四年一月二十五日夕刊の記者の書いた「古事記の証明」と題する記事）。しかしこの記述は安万侶幻想である。

二月三日、墓誌の裏に張りついていた木片をはがしたが、裏面にはなにも書かれていなかった。この事実について、「古事記に関する何らかの記載の期待はむなしく終った」（朝日新聞朝刊・一九七九年二月四日）と書いているが、私にいわせれば、太安万侶は『古事記』を撰録・撰上していないのだから、墓誌に『古事記』のことが記載されることはあり得ないのである。(4)

以上のように私は「歴史と人物」（一九七九年四月号）掲載の拙稿「太安万侶の墓誌発見と偽書説――墓誌は序文の正当性を実証したという批判に答える――」で書いた。この拙稿を読んだ徳光久也は、一九八一年刊の古事記学会の機関誌（『古事記年報二三』）に反論を「鉄剣文と墓誌銘」と題する論考で発表している。

筆者は、序文は墓誌によって実証された、正真正銘の太安万侶が書いた、古事記の身分証明書であると信じる。証明書は、第三者が発行してこそ効力があるが、自己が自己の証明をした自分証明書など、証明にならないというのが、大和氏の見解である。しかし、文献の場合だけはちがうのである。文献の編纂者が、自らその文献について書いたものが、証明書としては、唯一絶対のものであるはずである。(5)（傍点引用者）

この徳光久也の批判に対して、一九八二年に、古事記学会の機関誌『古事記年報二四』に、私は「太安万侶の墓誌と『古事記』序文」と題する論文を載せ、次のように書いた。

「信じる」のは客観的裏付がなくても可能である。だから、徳光久也氏が『古事記』序文を、身分証明書として信じるのは、個人の問題としてはかまわない。しかし、その主観的な「信じる」を論文（徳光的表現では「文献」）にして、他人に強制するから困るのである。私は『古事記』序文を身分証明書とするなら、客観的認識の問題として、自分で発行した身分証明書など、小学生でも認めない、と書いたのである。私は、客観的に認められるか認められないのか、の問題として論じているのに、主観的な信じるか信じないのかの問題として受け答えられたのでは、論争の次元が徳光氏と私の間に差があり過ぎて、反論のしようがないのである。

しかし、徳光久也氏も一般的な身分証明書は、自分発行では自分証明書になってしまうことは認めているから、「『文献』の場合だけはちがう」（傍点は引用者）と書いている。そして自分で自分のことを書いた場合、文献ではそれが、「証明書としては、唯一絶対のもの」と書いているが、この「唯一絶対」は「信じる」と同じで主観的・感情的である。というより宗教的である。「唯一絶対」「信じる」などという言葉は、宗教者にあっても、あまり学問上の研究書では使わない。というより禁句である。

自分で自分のことを書いた文献ほど、疑わしい場合もある。もし徳光氏のようにいいたいなら、やはり、客観的検証をしなくてはならない。そのことをぬきにして、自分で自分のことを書いた文献、つまり『古事記』序文のみを取上げ、「唯一絶対」の身分証明書とする文献資料の取扱いは、学問上の方法論としては無理がある。(6)

このように私は書いて、『古事記』序文が、『古事記』が和銅五年に太安万侶によってまとめられ、元明天皇に献上されたわが国でもっとも古い史書であることを証していると主張する徳光説を批判した。この序文が『古事記』が和銅五年に成立したことを証す「身分証明書になる」という説は、徳光久也が書く前に、すでに西宮一民が述べている。

序文は自ら発行した「身分証明書」説批判

徳光久也の『『古事記』の序文は、古事記自身の身分証明説』は、前述したがすでに「国学院雑誌」の昭和四〇年（一九六五）四月号に、西宮一民が「古事記序文の成立について」で述べている。[7] 西宮一民は、私が昭和五七年（一九八二）に古事記学会の機関誌『古事記年報　二四』に発表した論考を読んで、平成九年（一九九七）に「古事記の成立――序文に関して――」と題する論考で、私見を次のように批判している。

『古事記』という書物の成立については、「序文」がそれについて記しているのだから「序文」の記述を理解するのが当然であり、その方法が正しいはずのものである。しかるに、「古事記は私が書きました」と太安万侶が自ら発行した身分証明書のような「序文」は誰が信じられますか、という偽書論者の意見がある。このような発言に対して、「成程、その通りだ」と思う人があれば、それは「自ら発行する身分証明書」という表現が、『古事記』の「序文」を太安万侶が書いたということは同じと判断したもので、錯覚である。何故ならば、「序文」において、太安万侶は正五位上勲五等の人物でございますということを述べようとしているのではないからである。「元明天皇の詔によって『古事記』三巻を撰進致します」ということを述べているのである。ただその元明天皇の詔が下るまでには、天武天皇の詔以来のいきさつがあったので、それを記さなければ本当のことが分からないから、そのことを含めて述べているのである。

（中略）

「序文」と「本文」とは密着していて、「序文切り落し」などとは決して言えないはずである。いやもっと正確に言えば、「序文」を読まなければ「本文」は正しく読めないということなのである。だから太安万侶は「序文」を書いたのであ る。このことを言えば、偽書論者が「序文」について「自ら発行した身分証明書など、何の役にも立たない」などと言ってきたことは全く的外れであることが分るであろう(8)。

以上引用した文章で西宮一民が「偽書論者」と書いているのは、私のことである。

西宮一民は一九八一年に私説批判の「古事記偽書説不成立の論」に私の姓名をあげて書いて以降、私説批判については私の姓名はまったく書かず、私を「偽書論者」とのみ書いて反論する。この文章でも私のことを「偽書論者」としか書かないが、序文は「自ら発行した身分証明書」と書く西宮説を批判しているのは、私のみであるから、批判するなら徳光久也のように私の姓名を書いて批判すべきである。名前を書かずに「偽書論者」とのみ書いて私説を批判する理由は、私が西宮一民や徳光久也のような古事記研究の専門学者・大学教授でなく、出版社の経営者であって素人・アマチュア・門外漢と見なしているから、私の名前をあげず「偽書論者」とのみ書いて批判するのである。この書き方にはアマチュアに対する蔑視観がはっきり示されている（私の論文は古事記学会の機関誌『古事記年報』に複数回載っているから、『古事記』の研究家なら誰でも私のことだとわかるから、そのことを承知で西宮一民は書いているのである）。

この批判に納得できないから、私は二〇〇七年に発表した拙稿「西宮一民氏の『古事記』論考批判」で次のような趣旨を書いた。

第一は、西宮一民は「自ら発行した身分証明書」の「自ら」は太安万侶をいうのでなく、「序文」をいうのだから、「自ら」を太安万侶のことと「錯覚」して「成程、その通りだ」と、偽書論者の書くことには、同調・賛成するなと書く。私の名をあげていないが、「自ら発行した身分証明書」説を批判しているのは私のみだから、私見への反論であることは確かである。私が批判したのは太安万侶個人のことではない。「序文」が書く『古事記』の成立が正しいと証明するのが、「序文（自ら）」そのものだという、「自ら《みずか》」が「自ら」の身分証明書になるという、西宮・徳光説を批判したのである。

　第二は、太安万侶については、『続日本紀』に五例も記述があり、更に墓誌も出土しており、客観的に証明するものがある。しかし序文が書く『古事記』の誦習者の稗田阿礼や、和銅五年の成立については、客観的に証明するものがない。したがって西宮一民は序文が証明書になると主張し、私は「自ら発行の身分証明書」は客観性がなく、証明にはならないと批判したのである。そのことでは同じ土俵に立っているが、私の批判に対しては序文のことでなく安万侶のことと書いて、私の批判の論点を「序文」から「安万侶」にすりかえて反論している。この私見をすりかえての私見批判は認められない。

　第三は、「『序文』と『本文』とは密着していて」と書き、そのことをもって私が

「自ら発行した身分証明書など、何の役にも立たない」と批判するのは、「全く的外れ」と西宮一民は書くが、序文と本文が密着しているということと、序文が「自ら発行した身分証明書」になるということは、まったく別の問題である。つまり的《まと》は二つあるのに、その的を強引に一つにして、私の批判を「全く的外れ」と断定するのは、「全く的外れ」である。

第四は、序文切り捨て論と序文身分証明書否定論の二つの的を一つにして、つまり二つの説を共に私が主張しているときめて、私見を批判している。武蔵大学教授の神田秀夫らの序文切り捨て論は、序文は疑わしいが本文はわが国最古の古典だから、序文を切り捨てて『古事記』は論じるべきだという説である。この説については序文が疑わしくても、そのような序文がなぜついているのか論じなくては、現存『古事記』の成立は見えてこないというのが、私の見解であり、私は単なる序文切り捨て論者ではない。そのことは拙著（『古事記成立考』）で書いているから、私の論考をきちんと読んで批判してほしい。

第五は、西宮一民は二つの誤解に立って私説を批判している。一つは序文の信憑性を問題にしている私説を、安万侶の存在を問題にしていると誤解して批判している

（この「誤解」は「すりかえ」といってもよい）。二つは神田秀夫と同じ序文切り捨て論者と私を見ている誤解である。この二つの誤解に立って、序文が序文に対して「自ら発行した身分証明書になる」という西宮説を批判した私見に反論し、私の批判を「全く的外れ」と断定する。しかし私は一般論として小学生でも「自ら発行した身分証明書」などは信用しないと書いたのだから、西宮一民の誤解の上に立っての反論については、再び西宮見解こそ「全く的外れ」といわざるを得ない。

第六に、「身分証明書」の上に西宮一民自身が「自ら発行した」と冠していることである。証明書の一般的解釈は他人が証明する文書で「自ら」ではない。この一般的解釈を西宮一民も認めているから、敢えて「自ら発行した身分証明書」は一般の証明書と違うことを主張している。この事実からも、このような「自ら発行した身分証明書」などは一般的に小学生も認めないと私は書いた[9]。

西宮一民は一九九三年刊の西宮一民著『古事記の研究』の奥付に載る略歴は、文学博士で皇学館大学の学長で、主要著書として『時代別国語大辞典・上代編』（三省堂）、『日本上代の文章と表記』（風間書房）、『古事記』（桜楓社）、『日本書紀・風土記』（角川書店）、『古事記』（新潮社）、『万葉集全注　巻第三』（有斐閣）、『古語拾遺』（岩波文庫）、

『上代祭祀と言語』（桜楓社）、『上代の和歌と言語』（和泉書院）などをあげている。西宮説を採って『古事記』序は自ら身分を証明する身分証明書と主張し、私説を批判する徳光久也は、信州大学・法政大学教授を歴任した文学博士で、『白鳳文学論』（法政大学出版局）、『上代日本文章史』（南雲堂桜楓社）、『古事記の批評的研究』（北海出版）、『古事記研究史』（笠間書院）などの大著の著者である。この碩学たちも、『古事記』の成立を疑う見解については、以上述べたように、出版経営者に過ぎない私のような非専門の者でも反論できるような批判を書くのである。

序文偽作説がイコール本文偽作説ではない

徳光久也は「『古事記』の序文は自ら発行した『身分証明書』説」を批判する私の「歴史と人物」に掲載した論考を読んで、古事記学会の機関誌『古事記年報　二三』（一九八一年）に反論を掲載している。

すでに考察したように、冥界向けの墓誌に、生前の業績は無用であるがゆえに、十一年前の古事記撰録のことなど、当然記載されるはずもないという認識を、ここで氏（引用者注・私のこと）がもたれないかぎり、「序文は墓誌によって実証された古事記の身分証明書」とする筆者の考え方は、理解されないであろう[5]。

この批判の第一は、「冥界向けの墓誌に、生前の業績は無用」だから、「当然記載されるはずもないという認識」を、私がもっていないという批判である。批判の第二は、「序文は墓誌によって実証された古事記の身分証明書」だという見解を、私が理解できないでいると見ての批判である。第二の批判については前述したので、第一の批判のみに反論する。徳光久也は私見（毎日新聞掲載の前述した拙稿）について、次のように批判する。

威奈大村や石川年足の墓誌には、官職が書いてあるのに、太や小治田の墓誌には、それらが書いてないということについての、合理的な説明はつきかねるが、太や小治田の場合、散位でないとすれば、位は生死にかかわりなく、被葬者の身分を示すものとして、墓誌には必須の要件だが、官職は俗界でこそ物をいうものの、冥界に対しては、失効の肩書に過ぎない。つまり、死と同時に身から離れる官職は、冥界には通用しない。死者にとっては、無力無用の肩書なのである。太や小治田の墓誌が、文位や勲位を刻んで、官職を省いているのは、このような理由によるものではなかろうか[5]。

このように徳光久也は書いて、さらに冥界用の墓誌には官職がなく、序文にも官職がなく、「墓誌と序文が全く同様であるのを見れば、この墓誌は序文の体裁を範とし、それを忠実に踏襲して文・勲の肩書のみにとどめて、卒去の現職民部卿を省略したと考えられる」と書く。そして「墓誌が官職を欠いているということは、序文が安万侶の手に成るものであることを、間接的に証明していることになるものと考えられる」[5]と結論する。

徳光説は「官職は俗界でこそ物をいうものの、冥界に対しては失効の肩書に過ぎない」と書いて、墓誌には官職は書かないのがきまりと断定しているのに、「威奈大村や石川年足の墓誌には、官職が書いてある」と書いて、官職の記されている墓誌のあることを認めているのは、どういうことか。そのような墓誌については「合理的な説明はつきかねる」と正直に書いていながら、墓誌には官職は書かないと断定して論じるのは、主張そのものが矛盾している。また徳光説は墓誌と『古事記』序文の太安万侶について、「官職を欠いているということは、序文が安万侶の手に成るものであることを、間接的に証明している」と書く。『古事記』の太安万侶自署の序文と太安万侶の墓誌が同じ書き方をしているから、序文は太安万侶によることを証明していると主張するが、私は前述した新聞・雑誌の拙稿で、太安万侶以外の墓誌にも官職を記さない例があるから、こうした見解は成り立たないことを詳述した。

根本的な問題として、

左京四條四坊　従四位下勲五等　太朝臣安萬侶　以癸亥年七月六日卒之　養老七年十二月十五日乙巳

という、たった四十一字の文章をもって、「墓誌は、序文の体裁を範とし、それを忠実に踏襲して」いるから、太安万侶が序文の筆者であることは間違いないと断定する飛躍した論理が問題である。このような主張には賛同できない。

私説を徳光久也は「偽作の妖雲」と書いて、前述の文章の結びについて次のように書いている。

科戸の風の天の八重雲を吹き放つごとく、偽作の妖雲を吹き放って、序文研究が新たな展開を示すことを、墓誌の主の霊は、鶴首しているのではなかろうか。

この結びの記述に答えて私は古事記学会の機関誌『古事記年報　二四』(一九八二年)に掲載した「太安万侶の墓誌と『古事記』序文」の結びに、次のように書いた。

序文偽作説を「妖雲」つまり「妖説」といわれたのでは、もはや書くべき言葉がない。徳光氏は序文について「文献の編纂者が、自らその文献について書いたものが、証明書として、唯一絶対のものであるはずである」と書いて、序文が序文の「唯一絶対」の「身分証明書」と主張するが、「妖説」「邪説」という言葉や、あるものを「唯一絶対」というのは、宗教の信者に多い。古事記研究の第一人者の法政大学教授が、『古事記』序文を「唯一絶対」と「信じ」てしまったのでは、「序文研究が新たな展開を示すこと」にはならないのではないだろうか。

徳光氏のいう「序文研究が新たな展開を示す」ためには、『古事記』序文を「唯一絶対」と「信じ」、それを疑う説を「妖説」とする、いままでの『古事記』序文観を、「吹き放つ」ことこそ必要ではないだろうか。そのことを「墓誌の主の霊は、鶴首しているのではなかろうか」[6]と私は書いている。

このように書いたのは、「序文偽作説」をもって「本文偽作説」ときめつけるわけにはいかないからである。その根本的根拠は、「序文」をもって「本文」の「身分証明書」にならないことが証している。

『記』が書く太（多）氏同族の信濃国造について

太安万侶のオホ氏は安万侶の頃は「太」と書いているが、その前後は「多」と書き、『古事記』はオホ氏の始祖を神武天皇の皇子神八井耳命と書く。神八井耳命は皇位につくべきだったが、皇位を弟に譲って「マツリゴト」でも神まつりに専念したと、『古事記』は書き、『日本書紀』も同じことを書いている。『古事記』は神八井耳命を始祖とする氏族を記しているが、その氏族のなかに「科野《しなの》国造」が記されている。科野（信濃）国造は「金刺舎人」というが、欽明天皇の金刺宮に「舎人」として奉仕したからである。『三代実録』の貞観五年（八六三）九月五日条に次の記事が載る。

右京人散位外従五位下多臣自然麻呂賜二姓宿禰一。信濃国諏訪郡右近衛将監正六位上金刺舎人貞長二姓大朝臣一。神八井耳命之苗裔也。

勅撰の『三代実録』によれば信濃国諏訪郡の金刺舎人貞長が「大朝臣」を朝廷から賜っているが、安万侶は「太朝臣」であり、「太朝臣」は「多朝臣」とも書く。諏訪郡の「大朝臣」については後代になるが諏訪大社下社の「秋社神庫篋銘」に、「永禄八歳乙丑……大和紀伊入道金刺虎親」とある。永禄八年（一五六五）の九年後の天正二年（一五七四）に、武田信玄の命令で諏訪大社下社の神宮寺の千手堂を作った棟札に、「金刺諏訪大祝、大和越前守勝親、大和監物」とある。大和監物は大和城の城主で諏訪大社（下社）の大祝の一族で、諏訪大社の大祝も「大和」と称するが、わが家の菩提寺は諏訪大社（下社）の大祝が創建した下諏訪町の慈雲寺で大和監物を祖とし、その墓（五輪塔）がある。私の姓は「大和」と書くが、「ヤマト」でも「ダイワ」でもない。今は「オホワ」と言っているが、故郷の長野県諏訪市大和では、「オワ」という。正しくは「ヲワ」である。というのは諏訪の伝承では諏訪の大神（建御名方神）が尾で輪を作り、その地を「尾輪」といい（現在の諏訪市大和）、高い木にからみついたのでその地を「高木」といった（大和の隣地の諏訪郡下諏訪町高木）。「尾和」を「大和」と書いたから、諏訪の地元の人々は、「大和」の地名も姓も「ヲワ」というが、東京へ出てきては通用しないから「オホワ」と言っている。「尾」を「大」にしたのは「大朝臣」の「大」をとったからで、したがって「輪」も「和」にしたのであろう。

大田亮は『姓氏家系大辞典　第一巻』で、「大輪」について、

金刺姓、信濃国諏訪郡の大和邑より起る。大和、尾羽、尾和ともあり、大輪越前守、大輪（尾阿）城に拠る。

と書き、また「金刺」については、次のように書いている。

多臣族、信濃の大族にして、信濃国造族金刺舎人より出で、水内、埴科、諏訪、伊那の諸郡に此の氏の栄えし事、国史に徴証あれば、其の実際の分布は、殆んど信濃全国にわたりしものと考えられる。(10)

金刺舎人貞長の金刺氏は諏訪の大和邑出身で、「多臣族」であると大田亮も書いているが、この貞観五年の記事の前の『三代実録』貞観六年正月八日条に、

右近衛将監多臣自然麻呂　外従五位下

とある。多自然麻呂は「舞楽神楽の元祖」と『楽所系図』に書かれている人物で、左右の「近衛将監」は宮廷神楽の「人長」をつとめる役である。貞観五年九月五日条の「大朝臣」を賜った諏訪の金刺舎人（後の「大和氏」）の「貞長」も、「右近衛将監」だから、多宿禰自然麻呂も大朝臣（金刺舎人）貞長も、共に宮廷神楽にかかわっていたのであろう。大朝臣貞長は『三代実録』によれば、貞観九年（八六七）正月に参河介に任じられたが、貞観十一年四月二十三日条に、母の病気を憂いて職を去ったとあるから、故郷の信州諏訪へ帰ったのであろう。『世界大百科事典　3』（平凡社）の「神楽歌」（臼田甚五郎執筆）には、「諏訪神楽歌」は「伊勢神楽歌」と共に「豊富多彩」

と書いている。伊勢神楽歌は伊勢神宮の所在地だからわかるが、諏訪が伊勢と共に神楽が著名なのは、宮廷神楽の人長役をつとめた右近衛将監大朝臣貞長が、故郷諏訪へ戻って神楽を普及させた結果であり、「大和《おわ》」の「大」は大朝臣の「大」ともいえる。

太安万侶は『続日本紀』によれば霊亀二年（七一六）に「氏長」になっている。「氏長」は「氏上」とも書くが、当然オホ氏が祀る太（多）神社祭祀の主催者であっただろう。安万侶が「太朝臣」に対して、我が家の先祖の貞長は「大朝臣」だが、同じオホ氏系の末裔だから私は奈良県の名神大社の「多神社」の神主で、今は故人の多栄平さんと親しかった。私が『古事記』の研究に入ったのも、太（多・大）氏の研究をしようと思ったからである。

墓誌や序文の記事で和銅五年成立を実証できない

古事記学会の機関誌『古事記年報　二四』に掲載した拙稿で、「付記」として次のように私は書いた。

一、太安万侶の墓誌と同じく遺骨まで研究材料になっているので、太（多）安万侶が氏長として祭祀していた太（多）氏の氏神（延喜式神名帳の「名神大社」）の多神社宮司の多栄平さんは、遺族にせめて遺骨だけは返してほしいと要求した。そのことを私も多氏系氏族の末裔として多さんから相談を受けた。太安万侶の死から千三百年近くたっているから、遺族といっても多栄平氏は直系だが、私などは傍系である。しかし祖先と信じている思いこみはあるから、徳光氏の思いこみを否定はしないが、多（太）氏系遺族の思いこみと、古事記研究者の学問上の思いこみは、区別しなければならない。

二、小治田安万侶の墓誌を発見したときの調査責任者であった角田文衛氏は、私への電話で、「小治田安万侶の墓誌の例からすると、墓誌が薄すぎる。また、それ以外の疑問点（くわしく述べたが省略）からして、当時は改葬例があるから、多人長が改葬したとき埋めた墓誌ではないだろうか。多人長はともかくとして、墓誌や金石文にくわしい梅原末治氏・福山敏男氏も、改葬のとき入れた平安朝初期の墓誌ではないか、と言っている」と語った。このような意見が奈良・平安時代の墓誌にくわしい専門学者にあることも無視できない[6]（原文の一部を削除し加筆した）。

このように私は書いたが、本章の冒頭でも述べたが、二〇一二年の「芸術新潮」は創刊七五〇号記念大特集として『古事記』を全頁をとって特集し、「永久保存版」と表紙に載せ、冒頭に梅原猛と上田正昭の対談を載せている。その対談で上田正昭は次のように語っている。

　僕は序文の通りに太安万侶が書いたと考えています。昔は太安万侶は架空の人物で平安時代の多氏が偽って書いたといっていた人がいたけれども、墓誌が出て実在が証明されたからね。いえないようになった[1]。

このように発言しているが、今迄述べてきたように、「実在が証明された」ことと、実在の人物が「なにを行ったか」は別である。

墓誌が出土しなくても太安万侶が実在していたことは、正史の『続日本紀』が次の五例で示している。

慶雲元年春正月癸巳　正六位下太朝臣安麻呂　従五位下。
和銅四年夏四月壬午　正五位下太朝臣安麻呂　正五位上。
霊亀元年正月癸巳　正五位下太朝臣安麻呂　従四位下。
霊亀二年九月乙未　以㆓従四位下太朝臣安麻呂㆒為㆓氏長㆒。
養老七年秋七月庚午　民部卿従四位下太朝臣安麻呂卒。

と明記している。正史の『続日本紀』にこのように明記されているのだから、墓誌が出土しなくても、太安万侶が実在していたことは明らかである。問題はこの『続日本紀』には和銅五年に太安万侶が『古事記』を撰上したことがまったく欠落していることである。「氏長」になったことは個人的なことだが、『古事記』の編纂は初めての国史編纂であり、個人的なことではないのに、『続日本紀』はまったく記していない。このことを私見に反対する人々に問うても、私が納得するような説明をする人は居ない。居ないどころかほとんど答えない。

もちろん墓誌に正史の『続日本紀』に書いていない『古事記』編纂のことが明記されていれば、墓誌出土によって太安万侶が和銅五年に撰録されたことは証明されたと明言してもよいが、墓誌にはそのようなことはまったく書いていないのに、なぜか太安万侶の墓誌出土で、出土直後の大新聞も、著名な学者たちも、太安万侶が『古事記』を撰録したことが明らかになったと論じており、ごく最近も（二〇一二年）、上田正昭のような碩学も、太安万侶の墓誌出土で、太安万侶が『古事記』の序文を書いていることは明らかになったと発言しているので、「『古事記』の成立をめぐって」と題する本書を刊行することにした。

上田正昭は前述の発言に続いて、次のように語っている。

『古事記』の序文には和銅4年（711）の9月18日に元明天皇が安万侶に筆録を命じ、翌年に完成したと書かれています。またこの序文には和銅4年の段階で（いまだそのことを行ひたまはざりき）とも書かれていて、これは筆録がまだ行なわれていなかったことを指している。つまり天武天皇の代に成書化出来なかったものを、元明天皇が太安万侶に撰録を命じたわけで、筋がスッとつながります。序文が偽書だったら（いまだそのことを行ひたまはざりき）って、何でそんなことを書く必要があったか。[1]

と書いているが、この発言は前述した西宮一民・徳光久也の『古事記』序文は、『古事記』が和銅五年に成立したことを証する、「自らが発行した身分証明説」と発想が共通している。序文が疑われているのだから、序文以外の文献に「いまだそのことを行ひたまはざりき」とあれば、客観性があり、上田見解も成り立つが、現存『古事記』の太安万侶の序文が疑われているのに、その序文で「いまだそのことを行ひたまはざりき」と書いても、誰も信用しない。アリバイが疑われている犯人が、アリバイのあることをいくら主張しても、自己主張のみで証明する物証、または他人による主観でなく客観的証明がなければ、誰も信用しないことと同じである。したがって

『記』の太安万侶の書いた序文の記事によって、太安万侶が序文を書いたことを証明しようとしても、説得力はない。

「いまだそのことを行ひたまはざりき」は『古事記』の序文以外の文献で示すべきである。序文が偽書だからこそ、「いまだそのことを行ひたまはざりき」と書いて、序文を信用させようとしたのが、上田正昭が取上げている『古事記』序文の文章と、私は見ている。

第四章

現存『古事記』以外の『古事記』の存在

現存『古事記』以外にある『古事記』の存在

『古事記《ふることふみ》』(「コジキ」という訓みは古代人の訓みではない)は固有名詞ではない。普通名詞だから現存『古事記』以外の『古事記』が存在する。高名な古事記学者の倉野憲司は、次のように書いている。

仙覚の万葉集注釈巻一に引用されている土佐国風土記の中に、「多氏古事記」なるものの文が引かれており、また琴歌譜には、いわゆる古事記と共に「一古事記」なるものの文が引かれていること、更にまた、令集解の職員令の中には、「古事記云」として「旧事紀」の文が引かれている。「多氏古事記」にしても「一古事記」にしても、その文辞も内容も、いわゆる古事記と異なっていて、明らかにそれぞれ独立した古記であることが知られるが、多氏古事記は多(オオ)氏に関する古記を記したものであり、一古事記は古事を記した或書物(一は或と同じ)の意と思われる。以上の事から推考すると、古事記という語は普通名詞として用いられていたようである。

このようにすでに五十年以上も前の一九五八年刊の岩波書店版の『古事記・祝詞』

の解説で述べている。ところが『古事記』は太安万侶が命名した固有名詞だと、高名な古事記学者の西宮一民は主張する。この主張は一九九三年刊行の西宮一民著『古事記の研究』で突然書かれている。[1]それまでは天武朝に成立した「原古事記」の存在を認め、普通名詞と見ていたが、固有名詞説を主張してからは、「原古事記」を「天武天皇御識見の正実の帝紀・旧辞」と書くようになった。このように変ったのは、私が現存『古事記』以外に原『古事記』や異本『古事記』がいくつかあり、現存『古事記』の序文が書く和銅五年(七一二)成立を疑った著書や論文を発表しているから、その反論としての主張である。そのことは西宮一民の古事記固有名詞説に関連した著書や論文からも推測できる。

西宮一民は「『古事記』の命名者は誰か」と題して、「現古事記の『古事記』の名以前に、〈普通名詞〉としての『古事記』の名があったのではない」と書き、「『古事記』は太安萬侶の命名だと考えてよい」と断定し、理由として、まず『多氏古事記』について次のように書く。

すでに拙著で述べた如く、記・紀の文辞の折衷によって作文せられたことがうかがえるので、現古事記以前に『多氏古事記』といふような『古事記』という名

があったと主張することはできない。(2)

たったこれだけの短文で『古事記』普通名詞説を否定しているが、「すでに拙著で述べた」という論拠を読まない読者にとっては、短文すぎて説得力に欠ける。そこで「すでに述べた」と書く西宮一民の著書『日本上代の文章と表記』を開いてみると、『多氏古事記』について次のように述べている。

「多氏古事記」は仙覚の『萬葉集註釋』(巻第一)に「土佐國風土記云……多氏古事記……」(仙覚全集、二九頁)とあって、確かに崇神記と崇神紀十年九月条との折衷の内容をもつが、さらにわたくしは、姓氏録(大和国神別、大神朝臣条)の文辞との類似をみるので、それ以後の成立にかかると考へたい。『釋日本紀』(巻一二、述義八、雄略)にも「多氏古事記曰」が引用されている(国史大系、一六三頁)が、これも記紀の文の文辞の折衷の如きものである。(3)

以上が西宮一民の『多氏古事記』についての見解のすべてだが、『多氏古事記』が『姓氏録』より後の成立だと主張するなら、『多氏古事記』と『記』『紀』『姓氏録』の文章を例示して主張しなければ、以上の短文で自分の見解だけ一方的に書いて結論しても説得力はない。さらにいえば、「折衷」や「類似」は主観的要素が入りがちだから、「折衷」や「類似」でなく、『記』『紀』『姓氏録』の「文辞と同じい」例を、具体的に示すべきである。

『多氏古事記』は多（太）氏の家の「フルコトフミ」であった。山上伊豆母は「多氏古事記とオホ氏伝承」で、次のように『多氏古事記』について書いている。

『万葉集』最古の本格的注釈書として著名な仙覚の『仙覚抄』巻一に引用された『土佐国風土記』逸文のなかに、さらに引用された資料に『多氏古事記』という書名が見える。その古書の伝える内容はいわゆる『三輪山伝説』であるが、『古事記』の伝とも『書紀』のとも異なっている。『多氏古事記』は一、二の引用を除き、伝承されていない逸書であり、いかなる性格の書であるかも不明である。

倉野憲司は「多氏古事記は多氏——オオノウヂ——の旧事を記したもので、所謂古事記とは別のものである」（『古事記』大系本注）と述べられて、秋本吉郎は『崇神紀と古事記崇神の巻の記事を混同した如き三輪の説明説話』（『風土記』大系本注）の注されているが、わたしは以上のままで看過されない重要性を認めたい。[4]

このように書いているが、『多氏古事記』は『仙覚抄』引用の『土佐国風土記』だけでなく『釈日本紀』にも『土佐国風土記』引用の『多氏古事記』が記されている。

『仙覚抄』は三輪山伝承だが『釈日本紀』は葛城山の一言主神伝説である。山上伊豆母はこの『多氏古事記』の三輪山伝承、葛城山伝承を、『記』・『紀』の同型伝承と比較検証し、特に表現方法を取上げ、語句の使用法の検証から、

『多氏古事記』逸文の「三輪・葛城伝説」は、『記』や『紀』記載の同伝承成立後の述作ではなく、むしろ三書のなかでももっとも古態を残していると推定される。(4)

と書いている。

山上伊豆母は取上げていないが、山上伊豆母より二十年も前に刊行された筏勲の『上代日本文学論集――古事記・歌経標式偽書説と万葉集』でも、『多氏古事記』を検証し、「仙覚抄及び釋紀所引の文が正しく多氏古事記なる書を伝えたとすれば、ここに、現存古事記とはほぼ似た内容を有しながら、その文体において相違せる別種の一書が存在したことになる」と書き、『多氏古事記』と現存『古事記』を比較検証し、両書の違いを明示して、山上伊豆母と同じに筏勲も『多氏古事記』は現存『古事記』より古いと結論している。しかし山上伊豆母は現存『古事記』の成立時期については序文を信用しているが、筏勲は信用せず、一九六二年の「国語と国文学」六月号・七月号に、

「古事記偽書説は根拠薄弱であるか」と題する論考を発表している。その論文で上表文と序文の文献例を豊富にあげ、その文体・表記を詳細に検証して、『古事記』の序文は弘仁・天長年間（八一〇〜八三四）に書かれたと詳論している。その結論の一部を示す。

上表文や序文の多くは、編纂担当者の場合は、どういう心構えか、謙辞らしいものは殆ど見当らないばかりか、稗田阿礼の聡明ぶりを推奨したり、自己の表現技術の苦心を吹聴したりして、むしろ高姿勢の宣伝的傾向さえ強く認められる。偽物ほど本物らしく見せびらかすための虚飾の華やかさがある。読者に対する態度は、説得的・権威的・宣伝的であり、他の多くの先例の表や序のような、奏上的、謙抑的なものとは、すこぶる方向の異なった傾向をもっている。……他の表・序と異った、特異性の強調がどぎつく著しい性格を示している。古事記が偽書であれば、さうした特異性の原因も自づと容易に理解出来るであろう。

（中略）

この序の成立ともっとも深い関係にあるのは弘仁私記序である（引用者注・現存『古事記』は『弘仁私記』序にはじめて記されている）。弘仁私記序が果してそれ自身の語る様に、弘仁十年頃に成ったか否かも疑問であるが、そのままを受取るならば、古事記序文の成立は、それが引用されていることに依って、ほぼ年代が推定される。『弘仁私記』の筆者の多人長を、現存『古事記』の序文筆者と推論する。そしてこの『古事記』とは別に、『土佐国風土記』逸文に載る『多氏古事記』や、多安樹・多安家の名の見える『琴歌譜』に「一古事記」が載り、いずれも現存『古事記』と内容が違うから、現存『古事記』は、多氏という極めて限られた狭い範囲内に於て、記録され、保存されてきたのではないかと思われるのである。想像をたくましくすれば、古事記は或は勅撰の書ではなくて、多氏の家に伝えられた一家の私記、或は官撰史編纂中途で不幸上奏を見ずに終った古書の名残ではあるまいかとさえ想われる[6]。

このように筏勲は一九六二年に「国語と国文学」に私見を発表している。当時、筏勲は大阪教育大学教授、山上伊豆母は帝塚山大学教授であったが、両氏の論考からも現存『古事記』以降の成立と書く西宮見解には無理がある。

『琴歌譜』記載の『一《ある》古事記』と『日本古事記』

『多氏古事記』以外に多氏の家には『琴歌譜』に載る「一古事記」と書く異本『古事記』があった。『琴歌譜』の成立について土橋寛は弘仁初年と想定し、『国史大辞典』の『琴歌譜』の解説では、平野謙次は、佐佐木信綱・倉野憲司・西宮一民・林謙三・宇佐美多津子の論考を検証し、「平安時代初期までさかのぼりえないが、貞観年間（八五九〜八七七）以前の成立と考えられる」と書いている。この『琴歌譜』には次のような記事が載る。

　山拝祭神前作歌者此縁記似正説
歌返　之萬久尓乃安波知乃美波良之乃佐
　　禰己自尓伊己之毛
　知支天安佐ッ萬乃美爲乃宇ヘ尓宇恵ッ也安波知乃美波良乃之乃
難波高津宮御宇大鷦鷯天皇納八田皇女爲妃于時皇后聞大恨故天皇久不幸八田皇女
所仍以戀思若姫之於平群與八田山之問作是歌者今校於日本古事記
　〈次に譜があるが略す〉

一説云皇后息長帯日女越那羅山望見葛城作歌者。一古事記云誉田天皇遊猟淡路嶋時之人歌者（傍点は引用者）

この記事には、「日本古事記」と「一古事記」の記述があるが、「一古事記」については、「誉田天皇遊猟淡路嶋時之人歌者」とある。しかし現存『古事記』の応神天皇記（「誉田天皇」は応神天皇のこと）には、応神天皇が淡路島へ遊猟に行った記事はまったくないのだから、時の人がその時にうたった歌など載っていない。したがって「一古事記」は現存『古事記』でないことは明らかである。

小野田光雄は「琴歌譜引用の古事記について」で、「日本古事記」については、「古事記と同一のものと考えられる。此の縁起は古事記と照合したが符合しないという意味であろう」と書き、そして「一古事記」も同じに現存『古事記』とし、内容が合わないのは「誤記」「偽作」と書いている。[7] 小野田光雄は、現存『古事記』のみが唯一の古典で、それに合わない『古事記』の記述は、すべて「誤記」・「偽作」にしている。ではなぜ『琴歌譜』は同じ現存『古事記』を「日本」と「一」の二つに区別しているのか。そのことについてはまったくふれていない。

『琴歌譜』には「日本」も「一」も冠さない『古事記』が載る。「滋都歌」の条に次のような記述がある。

古事記云、大長谷若建命坐長谷朝倉宮治天下之時、遊行美和河之時辺有洗衣童女……

また「宇吉歌」の条には次の記事が載る。

古事記云、大長谷若建命坐朝倉之宮治天下之時、長谷之百枝槻下、為豊楽是日……

この「古事記云」は現存『古事記』と合う。『日本古事記』の『古事記』も現存『古事記』のことだが、現存『古事記』と内容が合わない『古事記』を「一《ある》古事記」としたので、その検証のための現存『古事記』に「日本」を冠し、『日本古事記』を検証したが「今校不接」と書いたのである。「日本」を冠したのは「一《ある》古事記」が『琴歌譜』を筆写した大歌師のオホ氏に伝わる『多氏古事記』のような「フルコトブミ」なのに対し、現存『古事記』には勅撰を示す序文がついているから、『日本書紀』と同格の書とみて、「日本」を冠して『日本古事記』と書いたのであろう。

筏勲は前述の『上代日本文学論集』で、戦前から『琴歌譜』の「一古事記」は現存『古事記』と内容の相違する『古事記』だと主張したが、学界は筏勲の主張をまったく無視していたと書いている。このような無視は現存『古事記』以外の『古事記』は存在しないという主張に、学界が固執していたからである。そのことは戦後の学界でも同じであった。著名な『古事記』学者の西宮一民と私は、『古事記成立考』や『新版・古事記成立考』で書いたが、繰返し論戦をした。西宮一民は和銅五年の太安万侶撰上の『古事記』以外の『古事記』は存在しないという見解だから、私への批判の論考で、『琴歌譜』の「一古事記」は、『古事記』以前の「異資料」で、この異資料を掲載するにあたって、「『一古事記』と『古事記』の名を冒したもの」と書き、異本『古事記』などないと反論する。後述するが「フルコトブミ」という普通名詞を「古事記」と書いているのに、西宮一民は太安万侶撰上の『古事記』のみしかないと、『古事記』固有名詞に立って私見を批判している。

『琴歌譜』は楽家多（太）氏の家に伝わる書である。多氏は平安時代に入って大歌所の大歌師になるが、急に大歌師になったのではなく、古くから大歌（宮廷歌謡・歌物語）にかかわる家であったから、様々な『古事記』があった。現存『古事記』を多人長が世に出した後、この序文つき『古事記』以外の『古事記』に「多氏」や「一」を冠したのである。西宮一民など多くの『古事記』研究家は、『古事記』を「固有名詞」と見て私見を批判する。私は『書紀』『風土記』と同じに『古事記』を「普通名詞」と見ている。くわしくは後述するが、『書紀』に「日本」を冠し、『風土記』に「出雲」「常陸」を冠したように、「多氏」「一」「日本」を冠したのである。現存『古事記』は「日本」を冠した「書紀」に対して「日本」を冠した「古事記」なのである。現存多(太)氏の家には私たちが現在読んでいる『古事記』以外の『古事記《ふることふみ》』があったが、現存『古事記』以外の『古事記』には「一」を冠し、現存『古事記』には「日本」を冠したのだろう。また『風土記』は多氏に伝わる『古事記』に「多氏」を冠しており、「フルコトブミ(古事記)」は現在私たちが読んでいる書だけでないことを、このような書き方からも確認しておく必要がある。

異本『古事記』の存在と『先代旧事本紀』

『琴歌譜』の「一古事記」は現存『古事記』以外の異本『古事記』であるが、『令集解』は『琴歌譜』と同じ平安朝初期にまとめられた律令の注釈を集めた本である。その鎮魂の条に、

古事記云　饒速日命　降自天時　天神授瑞宝十種……

とある。しかし現存『古事記』にはこのような文はない。伴信友は『鎮魂伝』で次のように述べている。

政事要略巻廿六鎮魂祭の下にも、問下称二布利一之由上、答、古事記此ノ記ノ字を穴と作る本のあるは誤なり云、云々と集解の件の文を採載たり。さて集解に、古事穴と書るは、旧事紀をふと書誤れるものなる事決し要略には其誤を受たるなり、古事記には此の件の事見えず……。

『令集解』の「古事記云」の内容が『旧事本紀』の内容に似ていることから、伴信友の「旧事紀をふと書誤れるもの」説が通説になっている。しかし前田家本には『古事穴』とあることから『古事記』ではないとする説もあるが、『政事要略』でも『古事記』と記しているから、伴信友が書くように『古事穴』は『古事記』の書き誤りである。しかしこの『古事記』をなぜ『旧事紀』のこととするのか。理由は『古事記』は太安万侶の序文のついた『古事記』以外には存在しないと、信じられていたから、『先代旧事本紀』は『旧事紀』と書くから『旧事紀《ふることふみ》』と読んで『先代旧事本紀』のことを、『古事記（穴）』と解したのである。しかしこの見解は成り立たない。前述したが『古事記《ふることふみ》』は現存『古事記』以外に、いわゆる「異本古事記」が存在したからである。また現在は『旧事紀』と書かれているが、正確には『先代旧事本紀』であり、古くは略されても『旧事本紀』であって今のように『旧事紀』という簡略化した題名を書かなかった。したがって『旧事本紀』を『古事記』に「ふと書誤る」ことなどあり得なかった。当時の『本朝月令』に引用されている『旧事本紀』の文は、現存『古事記』にもある文だが、『本朝月令』の編者は、『古事記』の文が存在するにもかかわらず『旧事本紀』より引用しているのは、『古事記』より『旧事本紀』を重要視していたからである。筏勲も「平安時代としては、古事記の文を旧事本紀の文として誤ることが起り得ても、逆に、旧事本紀の文をわざわざ古事記の文として誤記するというようなことは、可能性の乏しい想像ではなかろうか」と書いており[5]、この『政事要略』の『古事記』は『旧事本紀』を『古事記』と書きあやまったのではなく、異本『古事記』である。

『旧事本紀』は現在では偽書扱いで『記』『紀』より価値のない本になっているが、平安時代には『古事記』より重視されていた。矢田部公望は『古事記』や『日本書紀』より『旧事本紀』をわが国第一の史書として取上げている。鎌倉時代になっても伊勢の度会神道などの人々は、『日本書紀』次に『旧事本紀』が神典視されており、『古事記』は無視されていた。ようやく南北朝・室町時代の頃から一部の人々の間で

『古事記』を『日本書紀』や『旧事本紀』と同じように神典視するようになった。『古事記』の価値が高く評価されるようになったのは江戸時代の「国学」の隆盛からである。その代表者が本居宣長である。本居宣長の『古事記伝』の寛政十年（一七九八）以降から『古事記』は重要視されるようになった。このように『古事記』が『記』『紀』と呼ばれ重視されたのは、わが国の国学思想に依っている。本居宣長以降の国学の徒が「神国日本」の聖典として、キリスト教徒の『聖書』並の書として、神代記を重視したことに依っている。

本題に戻すと『令集解』の『古事記《ふることふみ》』は『旧事紀《ふることふみ》』（『旧事本紀』）のことではない。異本『古事記』である。筏勲も書いているが、『古事記』と『旧事本紀』の評価がまったく逆転している現代と違っていた平安時代に、『古事記』を『旧事本紀』と書き間違うことは、常識としてありえない。まして現存『古事記』以外の『古事記』、いわゆる「異本『古事記』」が多数存在しているのだから、『令集解』の書く現存『古事記』と内容の相違する『古事記』も「異本古事記」である。

『万葉集』九〇番歌は現存『古事記』からの引用か（一）

私は一九七五年刊行の『古事記成立考』では、第三章を「『万葉集』記載の『古事記』をもって、現存『古事記』の古さの証明にならない」と書いて、次の見出をつけて論じた。

一、『万葉集』にみる『古事記』と『日本書紀』の引用の違い
二、『万葉集』引用の『古事記』は現存『古事記』ではない
三、『記』『紀』の歌謡表記を比較しても『古事記』が新しい
四、『書紀』の歌謡表記より古い表記
五、『万葉集』記載の『古事記』もオホ氏と無関係ではない

また二〇〇九年に刊行した『新版・古事記成立考』では、第十章を「さまざまな異本『古事記』」と題して、次の項目を論じた。

一、『古事記』は普通名詞で固有名詞ではない
二、『多氏古事記』という異本『古事記』
三、異本『古事記』の「一《ある》古事記」が載る『琴歌譜』

四、徳光久也の私の異本『古事記』説批判への反論
五、『万葉集』巻二の注の『古事記』は現存『古事記』か
六、尾崎知光の『万葉集』記載『古事記』の私見批判への反論
七、神野志隆光の「『万葉集』に引用された『古事記』をめぐって」批判
八、『万葉集』巻二三の注の『古事記』をめぐって
九、『万葉集』に「古事記曰」の注をした大伴家持とオホ氏
十、『万葉集』巻一裏書・頭注の「見古事記序」について

このように私は『古事記成立考』でも『新版・古事記成立考』でも、『万葉集』に載る『古事記』について論じ、『古事記』が『万葉集』に載ることをもって、『古事記』が和銅五年（七一二）成立を証明することにはならないと述べた。ところが上田正昭は、二〇一二年十一月に「『古事記』の読み方」という講演をCD版で発売した（発行所・アートデイズ）。その講演は一九八八年に朝日新聞社が朝日カルチャーセンターで講義をしたカセットをCD版にして、改めて発売したものだが、その講義で『万葉集』に『古事記』が載っているから、和銅五年成立が正しいと言っている。私の最初の著書『古事記成立考』は一九七五年刊であり、その著書で私は前述したように

『万葉集』引用の『古事記』は現存『古事記』ではなく、現存『古事記』以前にあった『古事記』（異本『古事記』）を『万葉集』は引用していると詳論しており、この著書は上田正昭に献呈しているが、拙著を無視して『万葉集』に『古事記』が引用されているから、『古事記』の序文は信用できると述べている。

『万葉集』巻二の九〇番の左注には、次のように書かれている。

古事記曰、軽太子奸二軽太郎女一、故其太子流二於伊予湯一也。此時、衣通王、不レ堪二恋慕一而追往時　歌曰

君之行《きみがゆき》　気長久成奴《けながくなりぬ》　山多豆乃《やまたづの》　迎乎将往《むかへをゆかむ》

待尓者《まつには》不《また》レ待《じ》　此云山多豆者是今造木者也

右一首歌、古事記与二類聚歌林一所レ説不レ同、歌主亦異焉、因検二日本紀一曰

……

この歌は『古事記』には

岐美賀由岐《きみがゆき》　気那賀久那理奴《けながくなりぬ》　夜麻多豆能《やまたづの》　此云二山多豆一者是今造本者也

牟加閇袁由加牟《むかへをゆかむ》　麻都爾波麻多士《まつにはまたじ》

とある。

武田祐吉は「この両者を比較するに、甲（萬葉集）は乙（古事記）の文の意を採って書いていることは明らかであり、歌詞はぜんぜん書き改めており、ただ、『此云山多豆者云々』の左註だけは、原文のままである」と書いている。(8) 武田祐吉は『古事記』の成立を和銅五年（七一二）と信じているから、『古事記』の歌を『万葉集』が引用したと書く。したがって『万葉集』は『古事記』の歌詞の一字一音表記を改めているが、注記だけは一字一音表記でない漢字表記を用いたと書いている。これは逆である。結論を先に書けば、『万葉集』の編者が引用した『古事記』は現存『古事記』以外の「フルコトブミ」である。そのことは『万葉集』引用の『古事記』は本文の歌も「山多豆」、注記も「山多豆」で一致していることからも証される。ところが現存『古事記』は歌は一字一音に変えたが、注記は変えなかったので、歌は「夜麻多豆」なのに、注は「山多豆」で一致していないからである。この事実からも『万葉集』に載る九〇番歌は現存『古事記』以外の私の書く異本古事記からの引用である。したがって『万葉集』引用の『古事記』は歌と注記の表記が一致している。武田祐吉も「万葉集校定の研究」で、『万葉集』の編者が『万葉集』を編成する際にどのように資料を使ったか検証しているが、三二六三番歌は「古事記曰」とあっても、現存『古事記』と内容が違うから取上げていない。明言しないが、現存『古事記』以外の『古事記』の存在を認めている。(8) 九〇番歌も三二六三番歌と同じ現存『古事記』以外の『古事記』からの引用である。

筏勲は「山多豆」について次のように書いている。

現存古事記の歌に於ては、全文が一字一音式であり、夜麻多豆能である。このカナ書の歌に対する註に於て、山多豆と、わざわざ山の正訓表現をしているのは、理屈に合わぬものである。もし註の書き方を中心に考えるなら、古事記の註は、万葉集九〇番に表記されているような体裁の歌に対してこそ適切であって、現存古事記のような一字一音カナ書の歌に対するものとは受とれない。諸家に於て無条件的に、古事記の引用と認められて来た九〇番の歌は、現存古事記とは別な一の特殊な体裁をもっている古事記からの引用と考えねばならないのではなかろうか。全釈(引用者注・一九三〇年〜一九三五年に刊行された鴻巣盛広の全六巻の『萬葉集全釋』のこと)のいうように、「古事記の用字を勝手に書直した」のではなくて、むしろ九〇番の歌の方が古い形であって、それが現存古事記の様に、一字一音式に書改められたもので、それが山多豆の註に於て、たま／＼古い元の形に残されたものと考えることが可能ではあるまいか。(5)と書いている。筏勲の書く「現存古事記とは別な一の特殊な体裁をもっている古事記」とは、私が現存『古事記』に対して異本『古事記』と称している「フルコトフミ」のことである。いずれにせよ『万葉集』の九〇番歌は現存『古事記』から引用したとはいえない。

『万葉集』九〇番歌は現存『古事記』からの引用か（二）

武田祐吉は「万葉集校定の研究」で九〇番歌は現存『古事記』からの引用と書いているので、上田正昭はこの武田見解を採っているが、武田祐吉は「歌詞はぜんぜん書き改めており、ただ『此云山多豆者云々』の左註だけは、原文のままである」と書いている。(8)しかし武田見解は強引に現存『古事記』からの引用とするから、このように書いているのであり、『万葉集』の九〇番歌は現存『古事記』でない『古事記』からの引用だから、歌詞の表記がぜんぜん違うのである。現存『古事記』の一字一音表記は、拙著『古事記成立考』でも述べたが、歌のみを一字一音にしている。そのことは現存『古事記』の仁徳天皇の条の次の歌からもいえる。

随レ河而上幸山代、此時歌曰、
都芸泥布夜《つげねふや》　夜麻志呂賀波袁《やましろかはを》　迦波能煩理《かはのぼり》……
即自二山代一廻　到二坐那良山口一歌曰、
都芸泥布夜　夜麻斯呂賀波袁　美夜《みや》能煩理……

題詞に「山代」と書くが歌は「夜麻志呂」である。このことは前述（一七四頁）の歌が「夜麻多豆」なのに、注は「山多豆」である現在『古事記』の書き方と同じである。しかし『万葉集』の九〇歌は題詞でなく注記だが、歌は『古事記』の書く一字一音の「夜麻」ではなく「山」で、注も「山」であり共通している。この事実からも、また『万葉集』九〇歌の表記は、現存『古事記』の表記と同じとはいえない。拙著『古事記成立考』で詳述したが、原『古事記』の表記を、序文を祖父の太安万侶にして書いた多人長が、一字一音に改めたと推測できる。

歌謡表記で「山」を「夜麻」と表記するのは、新しい表記法である。『万葉集』を見ても成立年代の新しい巻ほど「夜麻」を歌謡表記として用いている。『万葉集』の各巻の成立順を検証すると、古い成立の巻は大体「山」のみの用法、次に「山」の多い「夜麻」との混在、新しい成立の巻は「夜麻」に統一されている。しかし『万葉集』はもっとも新しい巻の「ヤマ」表記も、「夜麻」のみでなく「山」がすこし混っているが、『古事記』の歌謡表記はもっとも新しい「夜麻」で統一され、例外はない。このことからしても『万葉集』から現存『古事記』へと考えられる。現存『古事記』の成立を和銅五年とみると、『古事記』の歌謡表記が新しい「夜麻」表記に統一されているのに、それより八年後に成立した『日本書紀』が「夜麻」に統一されていない。「夜麻」の用例は『日本書紀』では一例のみで、他には次のような用例もある。

椰摩　夜摩　野麼　耶麻　夜莽　揶莽　揶摩　夜麼

たった一例「夜麻」表記のある雄略天皇六年二月の条にある歌をみても、

擧暮利矩能　播都制能野麼播　伊底拕智能　與慮斯企野麼　和斯里底能　與慮斯企夜麼能　據暮利矩能　播都制能夜麻播　阿野儞于羅虞波斯　阿野儞于羅虞波斯

とあり、「野麼」「夜麼」「夜麻」が混在しているが、『古事記』は「夜麻」に統一されている。

日本書紀――不統一のヤマの歌謡表記

←

万葉集――統一化をはかりつつあるヤマの歌謡表記

古事記——統一化されたヤマの歌謡表記
←
と移行しておることからみても、成立順序は
日本書紀→万葉集→古事記

となる。梅沢伊勢三も『記紀批判』で「古事記風な文体は、日本人自身の漢文学習の前進によって、はじめて開拓された新しい表記法の完成である」（傍点は引用者）と書いて、[9]『古事記』和銅五年成立を疑っている。

以上述べてきたことからも、『万葉集』記載の九〇歌の歌謡表記と、現存『古事記』の同じだといわれている歌謡表記を比較検証した結論は、九〇歌の『古事記』の歌は現存『古事記』の表記と違うことからみても、現存『古事記』以外の異本『古事記』からの引用である。

『万葉集』に載る『古事記』引用の歌について

以上述べたことは一九七五年刊の拙著『古事記成立考』で述べたが、二〇〇九年刊の『新版・古事記成立考』ではさらに詳細に、『万葉集』記載の『古事記』の歌につ

いて論じ、上田正昭が九〇歌の『古事記』に載る歌は現存『古事記』だと主張する根拠は成り立たないことを、すでに詳細に述べている。私は三十七年前に刊行した『古事記成立考』でも、次のように書いている。(この旧版の『古事記成立考』は絶版だから全文を掲載する)。

『多氏古事記』と現存『古事記』を比較して、筏勲氏は「多氏古事記の文は漢文式表記である」と書いている。山上伊豆母氏は『多氏古事記』の内容を現存『古事記』と比較検討して、『多氏古事記』の方に古態が残っているとしているが、表記においても『多氏古事記』の方が古い。『万葉集』記載の『古事記』は、この『多氏古事記』に似たものであろう。『類聚歌林』が山上憶良の歌集であるように、大歌師のオホ氏につたわる「古事記《ふることとふみ》」を『万葉集』の編者は参考にしたと考えられる。『万葉集』は折口信夫氏もいうように、宮廷の大歌を豊富に集録しており、『万葉集』編者と大歌にかかわる氏族が無縁とは考えられないのである。『万葉集』には『日本書紀』の歌は二首収載されているが、その歌の注は『日本書紀』を引用しながらも、『日本書紀』になくて『古事記』にある「遠飛鳥宮御宇……」のような書き方をするところからみて、『古事記』に深いかかわりをもつ人物が注をしたと考えられる。この注の『古事記』は現存『古事記』ではないと考えられるが、現在、文献上で見られる現存『古事記』以外の『古事記《ふることふみ》』は、『多氏古事記』と大歌師のオホ氏の家に伝わる『琴歌譜』記載の『一古事記』、それに『万葉集』記載の『古事記』である。現存『古事記』は太安万侶編と序にあり、『多氏古事記』は多氏に伝わる「フルコトフミ」、『一古事記』も『琴歌譜』に記載されているのだから、『古事記』はオホ氏をぬきには考えられない。

『万葉集』記載の『古事記』の歌二首についても、オホ氏とのかかわりが推測される。この二首はいずれも軽太子関係歌である。といっても『万葉集』では九〇番の歌は磐姫、三二六三番の歌は読み人知らずである。しかし『古事記』を検した結果、『古事記』では軽太子関係の歌になっていると、注を付している。『古事記』の軽太子関係の歌のみを「検古事記曰」として注している人物は、『古事記』に関心をもっているとしても、特に軽太子をとうしての『古事記』への関心とも考えられる。現存『古事記』を見ても軽太子関係の記事は、『日本書紀』にくらべて五倍ほどのスペースを取っている。『日本書紀』が血のつながった兄妹の恋を不倫と記しているのに対して、『古事記』は悲恋の歌物語として、二人の歌を豊富に載せている。伊予で二人が共に亡くなったと記すのも『古事記』のみである。『日本書紀』は伊予のことをまったく記していないが、『古事記』の軽太子物語では伊予を強調する。なぜか。理由は『古事記』(神武記)によればオホ氏と伊予国造は共に神武天皇の皇子神八井耳命を始祖とする同族である。したがって現存『古事記』の軽太子関係記事の伊予の強調は、オホ氏をぬきには考えられない。『多氏古事記』は『土佐国風土記』逸文に引用されているが、山上伊豆母は「オホ氏とその伝承」で、「オホ氏同族系譜に同じ四国の伊余国造の存することと関連がある」と書いている。

『万葉集』所載の『古事記』が現存『古事記』でないとすれば、『多氏古事記』に類する『古事記』であろう。『多氏古事記』が「土佐国風土記」に引用されたように、伊予に関係のある歌のみが『古事記』の注に入っているのは、偶然の一致とはいえない。『万葉集』引用の『古事記』を注した人物はオホ氏と親しかった。そのことは九〇番左注の『古事記』独自の「遠飛鳥宮」の用法からもいえる。『万葉集』の編者については大伴家持説がもっとも有力である。大伴家持が『万葉集』の巻二の九〇番歌、巻十三の三二六三番歌の注をしたとする確証はないが、家持がオホ氏の人物と知り合っていたことは事実である。

『万葉集』巻十七に、天平十八年(七四六)の正月の雪の宴に大臣・参議と共に大伴家持と共に、オホ氏の太徳太理らが招かれ、徳太理は家持らと共に歌を作った書かれている。一緒に雪の宴に招かれて歌を作っているのだから、家持と徳太理が知らないわけはない。徳太理の線から『多氏古事記』に類する「フルコトフミ」を家持が見たとする推測は成り立つ。家持・徳太理の関係を考えなくても、『万葉集』に大歌所の大歌が取入れられていたことは事実だから、大歌所にかかわるオホ氏が、なんらかのかたちで『万葉集』の編纂にかかわっていたことは否定できない。折口信夫氏は「万葉集のなりたち」のなかで、「大歌所、官庫に保存せられて居たと思われる各種の古歌集、個人の歌集の一群が、万葉集編纂の際に、随分利用せられたものと思われる」と書いている。大歌所の大歌師の家に伝わる『琴歌譜』の中にも、現存『古事記』ではない『一古事記』が引用されているのだから、『万葉集』の『古事記』も大歌師の伝える『一古事記』の類のものとも考えられるのである。

このように『万葉集』記載の『古事記』は、オホ氏が大歌所に関係していたことや、家持と徳太理の関係、オホ氏同族の伊余国造の伊余国で自死した軽太子関係歌のみが、「古事記曰」として『万葉集』に載っていることからみても、九〇番歌・三二六三番歌は現存『古事記』からの引用ではないが、オホ氏とかかわっている。

大伴家持と太徳足理・多人長と原『古事記』

山上伊豆母は、『万葉集』巻六所収の一〇一一歌・一〇一二歌の題詞に、

冬十二月十二日に、歌儛所《うたまひどころ》の諸王臣子等の、葛井連広成《ふぢゐ》の家に集《つど》ひて宴《うたげ》する歌二首

とあるのを取上げ（「十二月十二日」は天平八年〈七三六〉、「『歌舞所」とは雅楽寮における外来の東洋楽器に対して、歌宴という場において伝統される固有の古歌・古楽・古典を習練する教習所であり、それが記録されることによって『万葉集』の編纂所にもなり、大嘗祭のあとの豊明節会のさいには古歌曲を提供することから、『大歌』あるいは『大歌所』と変名していったのではあるまいか。さらに想像をたくましくするならば、天平十八年の観雪の歌宴に列席した『諸王臣子等』こそ（引用者注・前述した『万葉集』巻一七の三九二六歌の左注に記す大伴家持・太徳太理らが参加した雪の宴）、天平

八年にみえる『歌儛所』のメンバーなのではあるまいか。そして、そのなかに『太朝臣徳太理』が加わっていることは、後世にオホ氏が『楽家』と呼ばれていく見のがしえない史料となると私は考える」と書いている。[10]

伊丹末雄は天平十八年の観雪の歌宴を原万葉集編纂のための歌宴とみて、巻一七・三九二六歌の長い注記を大伴家持が書いたとみるが、私は巻二・九〇歌の長い注記も巻一三の注記も、大伴家持がオホ氏の家にあった原本『古事記』を見て注記したのではないかと推測している。[11] 筏勲も九〇歌・三二六三歌の「古事記曰」の注記は大伴家持がつけたと推論し、「家持と古事記との関係は相当認められる」と書いている。[6] 伊藤博は巻二の『古事記』や『類聚歌林』などを引用して、「古事記曰」の注の筆者は、「天平十七年（七四五）段階の大伴家持と見てよい」と断定している。[12]

『続日本紀』によれば天平十七年正月七日に、大伴家持は従五位下から従五位上へ、太徳足理は正六位上から外従五位下に昇っており、二人は翌十八年正月の雪の宴に招かれて歌を作っている。太徳足理は従五位下で位階は一つしか違わないし、徳足理は平安時代の大歌所の前身の歌儛所に家持と共に関与していたとみられるから（前述したように山上伊豆母は太徳足理と大伴家持は歌儛所のメンバーと推論している）、太徳足理と大伴家持の歌舞の結びつきからみて、徳足理の線から家持がオホ氏の家にあった「一古事記」と『琴歌譜』が書く異本『古事記』を見て、「古事記曰」という注記を『万葉集』につけたと考えられる。

このようにオホ氏の家に「古事記《ふることふみ》」があった。一九七五年に刊行した『古事記成立考』の最終章の「まとめ」で、「現存『古事記』の成立時期」という見出しをつけて、私は次のように書いている（三七七頁～三七八頁）

私は現存『古事記』が平安朝初期にすべて書かれたと主張するのではない。まず、舒明・皇極朝の後宮で「フルコトブミ」としての草稿ができ（だから推古朝で終っているのである）、その歌謡と説話の「フルコトブミ」の草稿に手を加え、編纂作業が行われたのが、天武・持統朝の後宮であろう。このような後宮の秘本として伝承されていた「フルコトブミ」に勅撰風の序文を付し、表記を整理統一し、注を付し、『姓氏録』を意識して系譜その他を手直ししてできたのが、現存『古事記』なのであろう。

そのことは、『古事記』の序で後宮の伝承者を代表する稗田阿礼によって誦習されたものが、中断の後、太安万侶によって撰録されたという書き方にも暗示されている。原古事記というべきものは天武・持統朝に作られており、それを太安万侶で代表されるオホ氏の手で、百年の中断の後、表記を整理して撰録し直したのが、現存『古事記』なのである。そのことは序文の裏をよく読めば自然にできる。その点でも序文は『古事記』の成立経過を解く鍵である。

このように三十八年前に刊行した『古事記成立考』で書いた。私は一部の『古事記』偽書論者が主張するような、『古事記』は平安時代初期に書下されたと主張する偽書論者ではない。私は序文を取れば日本最古の古典だと主張している（一部の表記は新しく改められているが、内容は天武・持統朝の後宮でまとめられ古典である）。

『日本後紀』弘仁三年（八一二）六月戊子条に、

参議従四位下紀朝臣廣濱、陰陽頭正五位下阿部真勝等十餘人、讀二日本紀一。
散位従五位下多朝臣人長執講。

とある。正史の『日本後紀』は弘仁三年に多（太）人長が高級官僚たちに、『日本書紀』の講義をしたとあるが、『弘仁私記』序は弘仁三年の講義についてまったくふれず、弘仁四年に多人長が「外記曹局」で『日本書紀』の講義をしたことのみを、次のように記す。

冷然聖主　弘仁四年在祚之日　愍舊説　将滅本記合訛　詔刑部少輔従五位下多朝臣人長　使講日本紀　即課　大外記正六位上大春日朝臣頴雄　民部少丞正六位上藤原朝臣菊池麻呂　兵部少丞正六位上安倍朝臣藏繼　文章生從八位上滋野朝臣貞主　無位嶋田臣清田　無位美努連清庭等受業就外記曹局而開講

弘仁三年の講義は従四位下・正五位下で参議や陰陽頭ら高級官僚たちだが、弘仁四年の講筵は正六位上がトップで、無位の文章生の二人も含まれている下級官僚たちが、多人長の講義の聴講生で、『日本後紀』が記す弘仁三年の高級官僚たちへの講義とはまったく違う。人数も六人に限定されているから、弘仁三年の「多朝臣人長執講」が講演なら、弘仁四年の「多朝臣人長使講」は講義である。私はこの多朝臣人長が弘仁三年・四年の講演・講義のために、多（太）氏の家にある「フルコトフミ」を参考文献として用いていた。そのなかに未公開の『古事記《ふることふみ》』があった。その古典を世に出そうとして、序文を偽作したと推測している。したがって序文は偽作だが、本文は天武・持統朝にまとめられた、現存するわが国最古の古典と主張しているのである。

序文をとれば『古事記』はわが国最古の古典

鎌倉時代成立の『本朝書籍目録』に、『日本書紀』の講義の記録として次の八冊が載る。

養老五年私記　一巻
弘仁四年私記　三巻　多朝臣人長撰
承和六年私記　菅野朝臣高平撰
元慶二年私記　一巻　善淵朝臣愛成撰
延喜四年私記　藤原朝臣春海撰
承平六年私記　矢田部宿禰公望撰
康保二年私記　橘朝臣仲遠撰
日本紀私記　三巻

この「私記」のうち弘仁と承和の講義は『日本後紀』、元慶は『三代実録』、延喜・承平・康保の講義は『日本紀略』に載り、実際に行われた講義の記録であることは確かである。『日本書紀』撰上の翌年の養老五年の講義は『続日本紀』の養老五年の記述には見当らないから、事実あったかどうか疑問である。大野晋は岩波書店版『日本書紀　上』の巻頭の解説で「直ちに『養老私記』の存在を論ずることは尚早」だが、「養老説」と訓注する文献例があるから、養老年間に講義はあったろうと推測している。拙著『日本書紀成立考』で述べたが、『続日本紀』は『日本紀』の「続」と冠した正史でありながら、『日本書紀』の成立を付記扱いで記している。この事実から見ても、『養老五年私記』は『弘仁私記』のような正式に行われた講義の記録ではなかったと、私は推測している。

正式の『日本書紀』の講義は多人長の弘仁三年と四年の講演・講義だが、「弘仁四年私記」とあるから、多人長が「外記曹局」で行った講義がわが国で最初の『日本書紀』の講義だが、主に神代紀（巻一・二）の読み方の講義であり、この講義の記録をまとめたのが『弘仁四年私記　三巻』である。ところが梅沢伊勢三は「平安時代における古事記」と題して、『古事記』引用文献を次のように示す。

一、弘仁私記　　多人長　　弘仁年間（八一〇〜八二三）
二、新撰亀相記　卜部遠継　天長七年（八三〇）
三、承平私記　　矢田部公望　承平六年（九三六）

四、琴歌譜　　不詳　　天元四年以前（不詳～九八一）
五、本朝月令　惟宗公方　天慶～安和（九三八～九八九）
六、政事要略　惟宗充亮　寛弘五年頃（一〇〇八頃）
七、長寛勘文　清原頼業等　長寛一・二年（一一六三・六四）

そして梅沢伊勢三は、和銅五年（七一二）という奈良遷都（遷都は和銅三年）直後の成立と序文にある『古事記』が、元明天皇に献上されながらまったく文献に記されず、なぜか太安万侶のオホ氏の多（太）人長の『弘仁私記』の序で始めて現存『古事記』が紹介されていることを問題にしている(13)。その『弘仁私記』序は『日本書紀』の読み方の講義の記録なのに、なぜか序の冒頭は、次の記事である。

大日本書紀者、一品舎人親王・従四位下勲五等太朝臣安麻呂、奉勅所撰也。先是浄御原天皇御宇之日、有舎人稗田安禮年廿八。爲人謹恪聞耳聴慧、天皇勅阿禮。使習帝王本記及先代舊事、未令撰録。世運遷代。豊國成姫天皇臨軒之季、詔正五位上安麻呂撰阿禮所誦之言。和銅五年正月廿八日、初上彼書、所謂古事記三巻者也。

清足姫天皇負扆之時、親王及安麻呂等更撰、此日本書紀三十巻并帝王系圖一巻。

養老四年五月廿一日

この文章は『日本書紀』より先に『古事記』が勅撰書として存在したことを書いているが、『日本書紀』の講義の記録の『弘仁私記』序にとって関係のない『古事記』について、詳細に書いており、『古事記』を宣伝するために書かれた記事といってよい。『弘仁私記』序を書いた人物は、『日本書紀』の講義の記録の『弘仁私記』を利用して、『古事記』の存在を宣伝するための序文を書いている。中沢見明は『弘仁私記』の「序の中にはその講書日本書紀より古事記のことを比較的詳しくのべている」ことから、「弘仁私記の序なるものは古事記と古事記の編者を推奨するために作られた」と書いており[14]、鳥越憲三郎も『日本書紀』の訓話について書いた『弘仁私記』に何の必要があって『古事記』作成の経緯をのべたのか、まことに不可解なことである。あえて『古事記』にまで言及したのには、何かの意図があったのかもしれない」と書いている[15]。その意図は中沢見明も書くように、「『古事記』と『古事記』の編者を推奨するため」であったろう。

拙著『新版・古事記成立考』で書いたが、『弘仁私記』の序文は弘仁四年（八一三）に「文章生」であった「嶋田臣清田」が書いている。彼の出自の「嶋田臣」は『古事記』によれば多（意富）臣と同族で、神武天皇の皇子神八井耳命を始祖にしており、弘仁四年に「無位」の文章生であった島田清田は、『文徳実録』斉衡二年（八五五）八月十八日条に、従五位上島田清田が七十七歳で死去したと書かれているから、多人長の聴講生であった時は三十五歳であった。彼について正史の『文徳実録』は「學渉二經史一」と書いている。彼は正史の『日本後記』の編纂責任者として、小外記・大外記に任命されて参加しており、当時の歴史学者であった。彼は同族の多人長の弟子であったが、多人長がつけた現存『古事記』の序文を、師のいうままに太安万侶が書いたと信じて、『弘仁私記』の序文を書いたのであり、島田清田が多人長の講義をまとめて、わが国で初めての公式の『日本書紀私記』三巻を編纂したのである。

なぜ多人長がオホ氏の家にあった「フルコトフミ」に、太安万侶が書いたという序文をつけて世に出したのか。その理由を「現存『古事記』を世に出した理由」と書いて、拙著『新版・古事記成立考』の第十六章で十の理由をあげて詳述したので、本書では書かない。

序文のついた現存『古事記』は、平安時代の弘仁年間（八一〇～八二三）に刊行されたが、本文は天武・持統朝の内廷（後の「後宮」）でまとめられた日本最古の古典である（但し表記の一部は多人長が旧表記を新表記に改めているが、多人長の時代には用いていない上代特殊仮名遣は原著のまま残している。このような詳細は『古事記成立考』・『新版・古事記成立考』を読んでほしい）。

第五章

序文になぜ稗田阿礼が登場するのか

序文に登場する稗田阿礼と松本清張説

序文に誦習者として「稗田阿礼」が登場するが、序文によれば「古事《ふること》」の語りを「舎人」の稗田阿礼に命じたのは、天武天皇だとある。しかし阿礼の語りが中断していたので、和銅四年に太安万侶に勅命が下った。阿礼に語らせて、太安万侶がその語りを「撰録して献上せよ」という勅命によって、『古事記』三巻を、和銅五年正月二十八日に献上したとある。この序文でも、天武朝にすでに「舎人《とねり》」の稗田阿礼に命じたとあり、「古事《ふること》」の語りはすでに天武朝で行われていた。このように序が書いているのは、私が主張しているように、すでに天武朝の内廷で『古事記』編纂が行われていたことを示している。

序文について本居宣長は『古事記伝　巻之二』で、「凡《すべ》て文選中の文を取れる処ぞいと多かる」と書いており、国学者の宣長は漢文引用の序文を軽視・無視して論じている。『古事記』の序文は『文選』や長孫無忌の『進五経正義表』『進律疏議表』を典拠にしていることは、古くからいわれているが、藪田嘉一郎は『尚書序』にも拠っている例をあげ、多くの漢書を引用して序文は偽作されたと結論している。(1)

『文選』巻八の「薦禰衡表」に、

処士平原禰衡、年二十四、字正平。淑質貞亮、英才卓躒、初渉二藝文一、弁レ堂覩レ奥。目所二一見一、輒誦二於口一、耳所二暫聞一、不レ忘二於心一

とある。この文章を序文の稗田阿礼について述べている文章とくらべると、次のように同じか、似ている。

『古事記』

時有二舎人一姓稗田名阿禮
年是廿八
爲レ人聰明
度レ目誦レ口
拂レ耳勒レ心

『文選』

処士平原禰衡
年二十四
英才卓礫
目所二一見一輒誦二於口一
耳所暫聞不忘於心

○は同じ字を用いている箇所　、は意味が同じか似ている表現の箇所

山田孝雄は『古事記序文講義』で『文選』の「目所二一見一輒誦二於口一耳所暫聞不忘於心」を序文は採っていると書く。(2) 倉野憲司は『古事記全註釈　第一巻』で、序文は山田孝雄が引用する『文選』の文章以外に、「年二十四、字正平」の記述も『文

選』に「拠ったものと思はれる」と書いている。(3) 西郷信綱は倉野説を採って、序文の「為レ人聡明、度《ワタレバ》レ目誦レ口、払《フルレバ》レ耳勒《シルス》レ心」について、この文章は『文選』に拠っているから、「これらの句は額面どおりに取るとかえっておかしなことになる。たとえば、阿礼の学殖の深いのをたたえて『為レ人聡明、云々』といったのだとする向きが多いが、それは字面にとらわれすぎた解釈というべく、文選の形式に托して、阿礼の常人にまさる『誦』の力をかくほめたまでだと思う」と書いている。そして西郷信綱は、稗田阿礼の「聡明」も「舎人」も「年是廿八」も、「額面どおり」にとらず無視している。(4) 無視の発想は本居宣長にもある。本文を重視している本居宣長や西郷信綱は、序文の記述のあやしさから、序文偽作説に近づいているが、はっきり言うのをはばかって無視している事実は、見過せない。序文の記述はすべて正しいと「信ずる」と書く倉野憲司も、「年是廿八」は『文選』の「年二十四」をヒントにして作られたと書いている。(3) だとしたら「二十四」がなぜ「二十八」になったのか。

松本清張は稗田阿礼の実在を疑っているから、年齢も当然信用していない。その理由として次のように書く。

わたしは、「稗田阿礼」という名の人物の存在を疑っている。疑っているというよりも、そのような特定の名をもつ個人は存在しなかったと考えている。『記序』の上表文が官位も無い一舎人（下級役人）の個人的なことをあのように詳しく記すことが異常である。『古事記』の要約に文字を惜しんだ上表文が、どうして阿礼についてあれだけの文字を費さねばならないのか。天武天皇に対する賞揚とは、量においてそれほど違わないのである。

それなのに阿礼が男か女かも分からない。官位もなく、出自も分からない。他の記録にはその名のかげすら見えない。

およそ架空の人物をつくるときには、ことさら多くの説明を費しがちである。ところが上表文の文章が説明しているのは、阿礼が「聡明」だったということだけで、その人物についての具体性は何もない。その「聡明」を飾る文章も、さきに見た通り、中国の文献（『文選』）の章句からの応用である。稗田阿礼の実体は何もなくなる。(5)

このように書いて稗田阿礼について、さらに次のように松本清張は書いている。

阿礼は「年二十八」とある。これが唯一の具体性だ。この「年齢」で阿礼が実在の人物だったという錯覚を起させる。

しかし「書紀」がいちいちの記事に架空の年月日をもっともらしくつくっているのをみると、阿礼の年齢の創作ぐらいは平気であったろう。わたしは上表文の日付が「和銅五年正月二十八日」になっているのに注目する。この吉日に因んで、……阿礼を「年二十八」にしたと思っている。二十八日は『古事記』の生《あ》れ（阿礼）た日である。

「阿礼」は生《あ》れ、すなわち『古事記』がこの世にはじめて日の目をみた意味であり、その「年二十八」が『古事記』の撰上日を取った一種の擬人化だというのが、わたしの臆説である。岩橋小弥太は「時に舎人あり、姓は稗田、名は阿礼、年は是廿八、其の時はといふのは何年の事とも断らないで、年齢が廿八といふのはをかしい。廿八でも廿九でも少しも差支ない筈なので、不思議な文章である」（岩橋『上代史籍の研究』）と訝《いぶか》っている。「時に」と漠然と時間をいって天武の何年に当るのかさっぱり分からず、その曖昧な一方、「年廿八」と特定の年齢だけを強調するかのように具体的に書く。文章のバランスがとれていない奇妙さに最近の学説や論文は少しもふれるところがない。

わたしの考えは、右の次第で阿礼の年は二十八でなければならない。(6)

このように書いて松本清張は稗田阿礼の実在を疑っている。

稗田阿礼が実存の人物でないことを示す実証

友田吉之助は『古事記』の序文の「和銅五年正月二十八日」について、『日本書紀成立の研究』で『古事記』の成立も論じ、奈良時代から平安時代初頭には二年引き上げられた干支紀年法が使用されていたが、『続日本紀』が紀清人に国史の編纂させたと記す「和銅七年二月二十八日」は、その紀年法は『古事記』撰上の「和銅五年正月二十八日」にぴったり一致することを論証している。この一致を友田は「これは実に驚くべき符合である」と書き、太安万侶について『続日本紀』は「叙位・卒去までかなり詳細に記している」のに、「古事記」の撰進についてはなんら証していないのは不可解」だから、序文の「和銅五年正月二十八日」は、「真実に古事記を撰進した日付ではなく」、紀清人らによる和銅七年の「和銅日本紀選進の年月日を剽窃したものであることは、ほぼ間違いないであろう」と述べている(7)。この指摘は重要である。奈良時代から平安時代初頭に、二年引上げられた干支紀年法があったことを、友田吉之助は詳細に検証して例示している。多人長は平安時代初頭の人物だから、当然、この干支紀年法は知っていたであろう。序文が偽作だとするとなぜ「和銅五年正月二十八日」が撰上年・月・日なのか、理由を示す必要があるが、『古事記』を論じる論者はほとんどそのことにふれない。私は友田見解を採る。

『和銅五年正月二十八日』がそのような理由だとしても、問題は稗田阿礼の二十八歳という年齢である。松本清張の見解は前述したが、友田吉之助は「古事記の成立と序文の暦日」で、「年二十八」という年齢のみが具体的に記されていることに注目し、この年齢は「寅」の日にかかわることを述べて、稗田氏（猿女君氏）が奉仕する「十一月の寅の日に行われる鎮魂祭」との関連から、稗田阿礼の年齢は創作されたと書いている(8)。

稗田阿礼の年齢まで書いているのは、『文選』の「年二十四」にひかれて「年是廿八」と書いたのだから、友田吉之助の書くような意味づけより、私は松本清張が書くように、献上の年・月・日の「二十八日」をとって、「年是廿八」と書いたと推測したい。

いずれにせよ、前述したように序文の、

時有二舎人一。姓稗田、名阿禮　年是廿八。爲レ人聰明、度レ目誦レ口、拂レ耳勒レ心。

とある記事は、『文選』巻八の「薦禰衡表」の

処士平原禰衡、年二十四。字正平。淑質貞亮、英才卓躒、初渉二藝文一、弁レ堂観レ奥。目所二一見一、輒誦二於口一、耳所二暫聞一、不レ忘二於心一。

からをヒントに書かれている。序文によれば和銅四年（七一一）九月に稗田阿礼が誦習したのを太安万侶が書きとめ「撰録」したとあるが、それ以前に天武朝（六七二〜六八六）に稗田阿礼が誦習し、中断していたのを、和銅四年に再び誦習を開始したとすると、稗田阿礼は六十歳以上になる。当時の六十歳以上は今の七十歳以上である。この高齢の人物の誦習も問題だが、さらに問題なのは、序文によれば稗田阿礼は生きており、その稗田阿礼の誦習を太安万侶が記録したと序文は書いている記事が、なぜか『文選』の文章をヒントに、年齢や人物の聡明を絶讃して書いていることである。

もし稗田阿礼がが実在の人物なら、太安万侶が書いた序文を当然読んでいるはずだ。元明天皇に献上する『古事記』に付した序文で、誦習者の稗田阿礼のことを書いているのだから、当然、稗田阿礼に見せないはずはない。もし見せたとすれば、

爲レ人聰明、度レ目誦レ口、拂レ耳勒レ心

などという文章を、「古事《ふること》」を語る知識人・教養人で、すでに六十歳を過ぎた人物が、序文に記載させ、元明天皇や当時の重臣たちに見せることを許可するであろうか。そのようなことはあり得ない。この事実からも序文は疑わしい。このように序文の稗田阿礼の記述が、稗田阿礼の実在を否定していることを、私は『古事記成立考』でも『新版・古事記成立考』でも書かなかったが、私が読んだ『古事記』関係の多くの著書や論考でも、そのことはまったく述べていないので、ここで述べておく。

さらに問題なのは、稗田阿礼が太安万侶が序文を書いていた時に実在していたとしたら、なぜ『文選』の記述を引用して書いているのか。このことも前著では問題にしなかったが、もし稗田阿礼が実在の人物なら、あまりにも自分のことを賞讃し、『文選』の「薦㆓禰衡㆒表」に似せて書いていることに反対したであろう。この書は元明天皇への献上本なのだから、当然の反対である。このような書き方をされた稗田阿礼の記事が載ること自体が、稗田阿礼が実在の人物でないことと、この書が献上本でないことを証している。

以上書いたことは新見解だが、『新版・古事記成立考』で「稗田阿礼の実在を疑う八つの根拠」として、私は次のように書いている。

一、序文では、天武天皇の勅命で選ばれた稗田阿礼の聡明を激賞しているのに、『日本書紀』の天武紀には稗田阿礼の名はまったく見えないこと。

二、天武紀のみならず、『日本書紀』や『続日本紀』などの全文を検証しても、稗田阿礼どころか、稗田の姓も見当らないこと。

三、天武天皇の何年に稗田阿礼が誦習したか、もっとも大事な年代を明確に書いていないこと。

四、太安万侶は「太朝臣」と「姓《かばね》」が書かれているのに、稗田阿礼には朝臣・宿禰・臣・連などの「姓《かばね》」でなく、「稗田」という「氏《うじ》」の名のみ書かれていること。

五、稗田阿礼は、男か女かがはっきりしないこと。

六、稗田阿礼が天武天皇の何年に誦習したか、という重要なことは記されないのに、あまり序文と関係のない年齢だけが、はっきりと書かれていること。

七、その年齢は撰上の日の二十八日をとって二十八歳としたか（松本清張説）、稗田（猿女）氏は寅の日に深くかかわる氏族だから、その寅の日をヒントに作られたのではないか（友田吉之助説）、などの説があるように、年齢そのものが疑わしいこと。

八、稗田阿礼が「舎人」で「年は二十八」で、「目に度《わた》れば口に誦《よ》み、耳に払《ふる》れば心に勒《しる》しき」とある、「聡明な人」と書く記述は、すべて『文選』の孔融の「薦二禰衡一表」の文章を借用しており、このような記述を稗田阿礼が容認している事実からも、稗田阿礼の実在性が薄いこと。

以上のような疑問について、疑問を解く説得力のある答えは、稗田阿礼実在論者からはまったくない。

このように私は拙著『新版・古事記成立考』で書いた。

折口信夫の「稗田阿礼」についての見解

稗田阿礼の「稗田」姓は『古事記』本文にも、『日本書紀』にも、まったく記されていないし、弘仁五年（八一四）成立の『新撰姓氏録』にも記載されていない。このような稗田氏が天武朝の「舎人」であったことは疑わしい。

「稗田」を名乗る文献に載る最古の例は、『西宮記』に載る次の記事である。

貢二猿女一事（弘仁四年十月廿八日、猿女公氏之女一人、進二縫殿寮一）

延喜廿年十一月十日　昨尚侍令レ奏　縫殿寮中　以二稗田福貞子一請二稗田海子死闕替……天暦元年正月廿五日……令レ差二進猿女三人死闕一文、猿女氏高橋岑則等、早被レ補下仕二官符一勤レ御一鎮魂未二補任一猿女一人猿掌状文

猿女に稗田福貞子・稗田海子が居るが、「弘仁四年十月廿八日」に彼女らが亡くなったので、新しく猿女を縫殿寮に貢進したとある。筏勲はこの「十月廿八日」の「二十八日」をとって、猿女の稗田阿礼の年齢を「二十八歳」にしたと推論している。私も『古事記成立考』で、「弘仁四年前後は、現存『古事記』の成立を考えるのには重要な時期である。弘仁三年には私が現存『古事記』の序文を書いたと推測する多人長が、『日本書紀』の講義を執講している。また稗田阿礼の「阿礼」にかかわる賀茂神社に、弘仁元年より伊勢神宮の斎宮と同じく斎王として内親王が派遣されるようになり、阿礼乙女として御阿礼神事に奉仕している。阿礼乙女が斎王になる制度も、稗田の姓の登場も、いずれも弘仁初年である。そして稗田阿礼の記事がはじめて記されたのも、『弘仁私記』序であることからみても、弘仁四年の「稗田」の姓の記事と、弘仁元年に内親王が阿礼乙女になったことが、稗田阿礼の創作と無関係と思えないのである」と私は書いた。

折口信夫は、『上世日本の文学』（第四の一）で稗田阿礼について、次のように書く。

　稗田阿禮は女性であつた。其先を猿女君の祖天鈿女命の子孫に置いて居る事が、既に阿禮の女性である事を示して居る。誦み習はせたとあるのは、口誦することの出來るやうにさせたといふことである。この様に、阿禮が女性であり、長い物語を口誦したといふ事実を認めて貰ふ爲には、猿女君の事から、語部の話に及ばねばならぬ。

　猿女君の家は、天鈿女命から出て、代々女系相續の家がらであつた。猿女は、一種の語部である。

（中略）

　一體、稗田の家は、代々女主の家がらである。日本の昔の信仰から見て、女が、宮廷に関係のある家の職に興る場合には、女が戸主となるのが、普通の行き方であつた。稗田の家は、猿女君の分派である。君・公と字をあてるきみといふ語は元來、女を意味して居る。猿女君の祖先といはれて居る天鈿女命は、女の身で一種の武力を持ち、一種の鎮魂法―たまふりの法―を傳へていた。其傳統を受け継いで猿女君の家はかなり長く續いたが、猿女君に依らねばならぬと思はれて居た信仰様式が、平安朝になって失はれてからは、衰へて行く一方であつた。

（中略）

今一つ述べておかねばならぬのは、舎人稗田阿禮とある、その舎人である。後の解釋で行くと、舎人・小舎人は男であつたが、とねりと言ふ語の意味を推して行くと、此は女であつてもよいと言へる。とねりは、とねから出て居る。女のとねをひめとねとも言ふた。古事記序文はひめとねに舎人の字を宛てたとも言へるし、更にとねそのものが女であつたとも言へる。後のものであるが、紫式部日記の中に、とねあらそひといふ語があつて、女房たちの遊びであつた證據にもなる。

更に考へてよいのは、阿禮といふ名である。一言で言へば、これは神に奉仕する巫女のことをいふ。みあれの宣旨・加茂のみあれ・あれをとめなど、あれといふ語が、神に仕へる女を示す例は多い。あれは生れで、神の出現・降下に大切な役を勤め、時に、小さき神の御子を育て上げる乳母の役をもした。それで神々の物語があれをとめの口から語られる理由がわかつて來る事と思ふ。

長い間、口頭で傳へられて來た、いはゆる口頭詞章を、初めて筆にして後に殘さうとしたのが、古事記である。この點で問題にしてよいのは、古事記の中に見える神名・地名に附けた符號である。訓み方に、非常な注意をはらつたあとが見える。この神名・地名は、その訓み方において、アクセントを一つでも誤ると昔からの傅へが破れ、神聖な力を失はれる恐れがあつた。單に讀むためにだけ、このアクセントがつけられたものではない。口誦せられたからである。(9)

長い引用になったが、折口信夫は『古事記』の本質を見事に述べている。もちろん折口は稗田阿礼を実在した人物として論じているが、実在しない人物であったとしても、序文に誦習者として「稗田阿礼」という名前の人物を登場させたのは、意味があってのことだから、「稗田阿礼」について検証する必要がある。

「稗田阿礼」の「稗田」とオホ氏・多神社

「稗田阿礼」は女性だという見解は柳田国男も、「稗田阿礼」と題する論考で述べていることは、拙著『新版・古事記成立考』で述べたが（前述した折口信夫の稗田阿礼についての論考は、『新版・古事記成立考』では紹介しなかったので、本書で示した）、「稗田阿礼」は男だと主張する論考もある。私は『新版　古事記成立考』で次のように書いた。

山田孝雄は稗田阿礼の舎人について、「男といふ説と女といふ説と二つあってなかなか面倒である。記全体より見れば大したことではないが、昔から男と信じて来たのに、平田先生が女であると言ひ出したのでこんな事になった。迷惑である」と書いて、山田は稗田阿礼は男だと主張している。山田の書く「平田先生」は平田篤胤のことだが、平田篤胤が『古史徴問題記』で女性説を主張する根拠は、本文を検証した結果である。柳田国男も折口信夫も武田祐吉も西郷信綱も女性説だが、倉野憲司は山田孝雄と同じ男性説であり、西田長男も男性説を主張している。しかし三谷栄一は西田説を批判して女性説を主張している。

男性説は序文に「舎人」とあることを根拠にしており、女性説の根拠は稗田氏は猿女である（このことは男性・女性論者のどちらも一致している）ことを重視している。猿女については男性論者は猿女でも男も居たはずだといい、男性説を否定するが、男性説が根拠とする「舎人」に対しては、女性論者は「ヒメトネ」が居たから女性だという。さらに『古事記』の内容が女性的であることも理由にあげる。しかしこの論争は水掛け論になっているのは、稗田阿礼は実在するという前提で論争しているからである。

序文の稗田阿礼の「舎人」は、『文選』の無位・無官の「処士」（仕官していない士人）をヒントに作られたのである。わが国には「処士」という言葉はないから、「処士」に似た無位・無官の「舎人」に稗田阿礼をしたから、「舎人」をめぐって稗田阿礼は男か女かという論争、空しい論議がいつまでも続いているのである。『文選』をヒントに稗田阿礼の記述が書かれていることからみても、稗田阿礼の実在は疑わしい。

このよう私は書いたが、稗田阿礼は実在しないとしても、なぜ序文筆者は稗田阿礼という姓名の人物を誦習者として記したのか。そのことを検証する必要がある。私は『新版・古事記成立考』で図6（次頁掲載）を示して、次のように書いた。

奈良県田原本町多に鎮座する『延喜式』神名帳に「名神大社、月次相嘗新嘗」とある多神社と、その東西南北の山と神社の配置図である。多（太）神社の東西南北には大鳥居が立っていた。今は東の大鳥居のみが残るが、なぜかこの大鳥居は神社をかこんで東西南北に建っていたのではなく、神社から離れた場所に、それぞれの山（東は三輪山、西は二上山、南は畝傍山）が入るように建てられていた。今も残る東の大鳥居は三輪山がすっぽり入る位置にある。ところがなぜか北の方向のみ山がなく、二・五キロの地に鏡作神社があり、更に十一キロ先に稗田（大

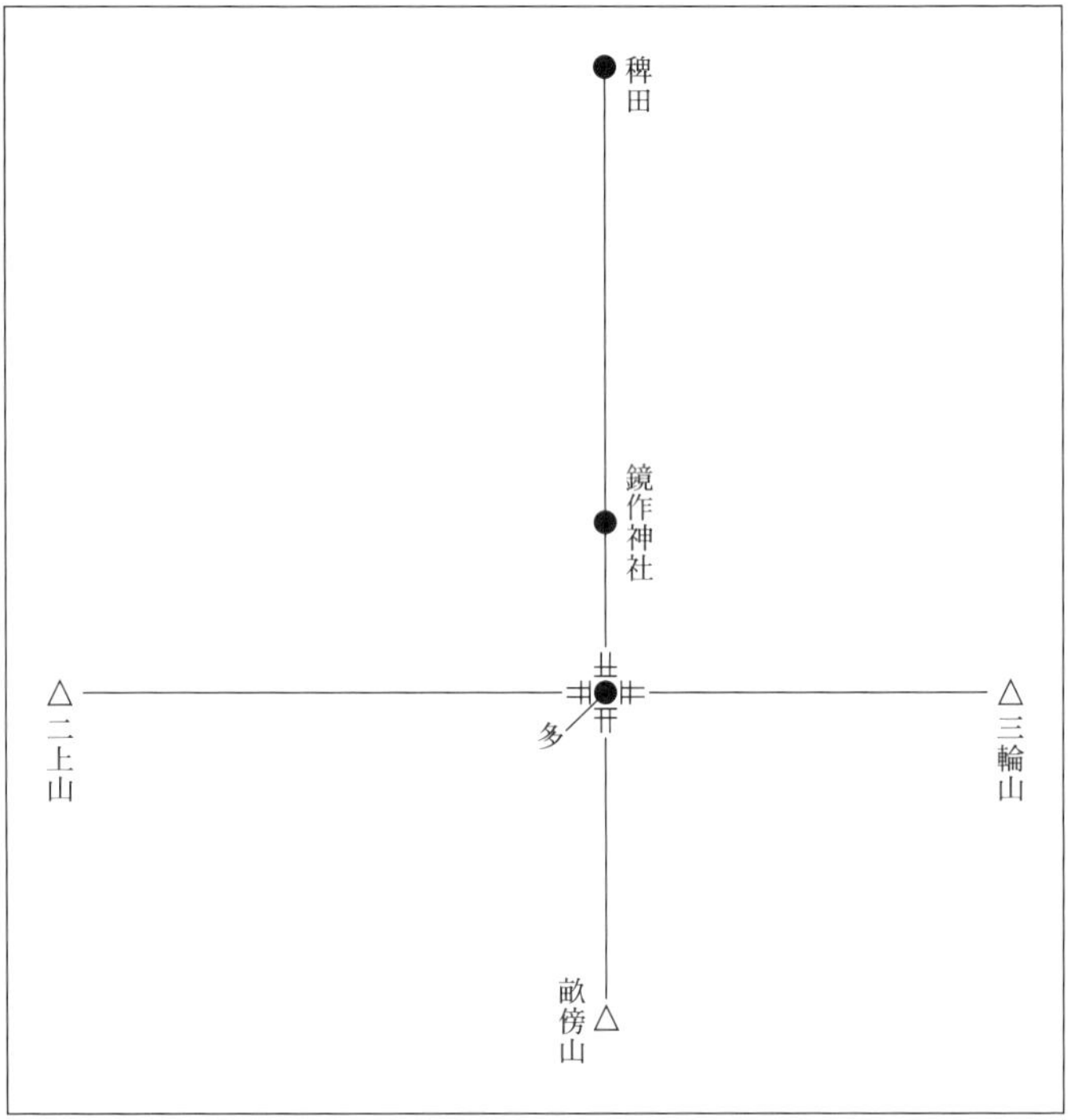

図6　多神社のある多の地（奈良県田原本町多）と稗田

和群山市稗田町）がある。この「稗田」は『日本書紀』の壬申紀に載る。

このように私は書いたが、壬申紀に載ると書いた記事は、天武天皇元年七月条に「初め将軍吹負、乃楽《なら》に向ひて稗田に至りし」とあることをいう。この稗田には『延喜式』神名帳に載る「売太神社」が載るが、『延喜式』九条家本には「ヒメタ」の訓注があると、日本歴史地名大系の『奈良県の地名』は書くから[10]、本来は「ヒエタ」で、「ヒエタ（稗田）」が「ヒメタ（姫田）・「メタ（売太）」になったのである。『奈良県の地名』は「売太神社の鎮座地稗田は天鈿女命の後裔稗田阿礼の出身地で（古事記伝）、古代神楽舞などに供奉した猿女君氏の居住地と伝える（西宮記裏書）。神社東方美濃庄町に小字サルメダ、南方横田町に小字サルベがある」と書いている[10]。

西郷信綱は「稗田阿礼――古事記はいかにして成ったか――」で、稗田阿礼は猿女君で神楽の祭事にかかわる氏族だが、『記』『紀』のオホ（多・太・意富）氏の始祖（神武天皇の皇子神八井耳命）伝承によれば神事にかかわる氏族で、平安時代初期には宮廷神楽の祖といわれた多自然麻呂が活躍していることをあげて、宮廷神楽で稗田氏とオホ氏は結びつくと書き、「記紀歌謡を管理していたことが、『古事記』に関与した一因」と書き、宮廷神楽で稗田氏とオホ氏が結びつくと書く[11]。西郷信綱は稗田阿礼が実在していた人物と見て、太安万侶のオホ氏と稗田氏は神楽をとおして関係があったと書くが、私はオホ氏と稗田氏（猿女氏）が神楽をとおして関係はあったが、神楽は歌舞・大歌とかかわり、古代の歌物語と関係はあったから、誦習者として序文に「稗田阿礼」という人物を作って登場させたと見ている。そのことは後述する。

伊勢のオホ氏と稗田氏・猿女氏・荒木田氏

本居宣長は『古事記傳　巻之一』で「古事《フルコト》」は「古言《フルコト》」で「古言」は「唱《トナヘ》」であり、「言《コト》を以って伝《ツタフ》るもの」が「古事記《フルコトフミ》」だと書く。単なる「言」でなく「唱」だから、稗田阿礼の「誦習」も、「誦」は「唱」であり、そのことに習熟するのが「誦習」の「習」であると書いている。

『旧事本紀』（天皇本紀）に次の記事が載る。

　鎮魂祭の日、猿女君等、百歌女《ももうため》を率いて、其言本《ことのもと》を挙《あげ》て、神楽歌舞《うたまふ》

折口信夫はこの猿女君らの歌女の「言本」を「歌の本」「歌物語の前型」と述べている[9]。『北山抄』は語部の語りを「古詞を奏す」と書く。「フルコト」は単なる語りではないから「奏す」と書き、「其の音、祝《いはい》に似て又歌声に渉《わた》る」と書く。「祝」は祝人のことだが、語部の語りが祝人の祝詞や歌声に似ているのは、猿女が歌女を率いて「言本《ことのもと》を挙《あげ》て」と同じである。『北山抄』は長和から寛仁年間（一〇一二〜一〇二一）成立だから、文書を松明《たいまつ》で照して読むことを「古詞《ふること》を奏す」と書くが、文字が伝来する以前の古代では、文書を読まずに「フルコト（古言・古詞）を奏したのである。その

古代のやり方を猿女君は「百歌女を率いて」行っているのであり、「言本《ことのもと》を挙《あげ》て」は「古詞《ふること》を奏す」ことである。

この「言本を挙て」を折口信夫は「歌の本《もと》」と書いているが、「歌の本」は神事として行なわれたから、「神楽歌舞」という神事芸能をともなっている。この行為は猿女（稗田）氏の始祖天宇受売命《あめのうづめ》の天石屋戸の前での行為と重なる。『古事記』は天宇受売命は「神懸《がか》りして」、「遊《あそび》」をしたと書くが、この遊びが「神楽」であり「歌舞」であり、猿女（稗田）の始祖伝承は後代の猿女の職掌を示している。『古語拾遺』は猿女君は「神楽の事を職とする」とも書いているが、この神楽は「言本《ことのもと》を挙《あぐ》る」のに伴っての神事なのは、猿女が神がかりして古言《ふること》（言本・神語）を発する（挙る）巫女だからである。したがって「古事《ふること》」を語る誦習者として『古事記』の序文に稗田阿礼という人物が作られ、登場したのであろう。

西郷信綱は前述の論考で、[11] 稗田氏は天鈿女命を始祖とする猿女君の子孫で、神楽の祭事にかかわる氏族であることに対し、太安万侶・多人長のオホ氏も『記』『紀』の始祖伝承によれば、オホ氏の始祖神八井耳命（神武天皇皇子）は、皇位継承権を弟に譲って「忌人《いはひびと》」になって弟の政治《まつりごと》に対して祭事《まつりごと》に専念したと書き、『日本書紀』も同じ伝承を載せるから、このような始祖伝承をもつ多（太）氏だから、稗田氏と同じに神楽にかかわるとし、『古事記』序に稗田阿礼が登場するのは、多氏と稗田氏が神楽で結びつくからと書く(11)。

多人長が弘仁四年（八一三）に『日本書紀』の講義を「外記曹局」で行い、その講義をまとめたのが『弘仁私記』三巻だと、序文で書いている。この『弘仁私記』序に始めて太安万侶の序のついた『古事記』のことが載る。この事実からも序文のついた現存『古事記』の成立を私は弘仁年間（八一〇～八二三）と推測するが、この『弘仁私記』序に、『古事記』の誦習者の稗田阿礼のことが始めて載る。その記事に、

姓稗田　名阿禮　年廿八　天鈿女命之後也

とあり、仁安二年（一一六七）に国衙に注進した『大倭社注進状』の裏書に見える「斎部氏家牒」には、

撰㆓録稗田阿禮所㆑語之古事㆒、今古事記是也。阿禮者、宇治土公庶流　天鈿女命之末裔也

とあり、天鈿女命の後で宇治土公の庶流とある。宇治土公は伊勢の古くからの土着氏族で伊勢神宮が「天照大神」という皇祖神を祀る前から、伊勢で日神祭祀を行ってい

た。その素朴な日神祭祀の上に「天照大神」という皇祖神化した日神が、中臣氏によって祀られるようになると、この「皇太神宮」と呼ばれた神社の祭祀では、中臣氏と結びつく荒木田氏の配下に宇治土公は置かれた。この宇治土公が祖神とするのが猿田彦神だが、天鈿女命は猿田彦の妻として神話に登場する。この天鈿女命の後裔が猨(猿)女君だから、猿田彦と結びついている。

この天鈿女命を祖とする猨女君の稗田氏が、『古事記』の誦習者になっているのは、オホ氏と結びつきがあることを書いたが、伊勢の宇治土公や猨女君はオホ氏と結びつく。『古事記』のオホ氏同祖氏族に「伊勢の船木直」が載る。「直」という姓《かばね》から見ても伊勢の土着氏族だから、伊勢国の「守護」になっている。本拠地の朝明郡(現在の四日市市)には式内社の大神社と耳常神社(通称「舟木神社」)が鎮座するが、祭神はいずれもオホ氏の始祖の神八井耳命である。このオホ氏同族の伊勢の船木氏は稗田氏とかかわる宇治土公とも結びつきがある。宇治土公は猿田彦を始祖とするが、直接の祖は大田命・神田命である。この神名は大田田命・神田田命を祖とする船木氏の祖より「田」が一つすくないだけである。しかも『皇大神宮儀式帳』によれば、天照大神の形代の八咫鏡を入れる「御船代木」つまり「船木」を伐り出すのは宇治土公の仕事であり、宇治土公も船木氏である。田中卓は日神祭祀という共通性から、「伊勢神宮の創祀と発展」と題する論考で、船木氏の祖の大田命と宇治土公の祖の大田田命は重なるから、同系氏族と述べている[12]。

この宇治土公とオホ氏の子孫が結びつく伝承が、郷土史家の西山伝左衛門の著書『黒部史』に載る。松阪市西黒部町にある式内社の意非多《おいた》神社の若宮は、大和から来た多氏の大田祝を祭神とするが、この若宮を祀る神主は宇治土公の本貫地の度会郡楠部村から来たと『黒部史』は書き、黒部（今の松阪市東黒部町・西黒部町）で「大田」を名乗る人々は、今もオホ氏の子孫と称していると書いており、さらに意非多神社は和銅年間にオホ氏の大田氏が創建したという伝承も、『黒部史』は記している。意非田神社は本来は「大田神社」であったのだろう。しかしこの「大田」は宇治土公が祖にする「大田田命」ともかかわるが、「大倭社注進状」には、「稗田阿禮者　宇治土公庶流　天鈿女命之末裔」とあることからも、『古事記』序の撰録者の姓を「稗田」とする理由は、オホ氏と深くかかわることを証している。したがって実在の人物でなくても、「稗田」の姓の人物を誦習者にするのは理由があったのである。平安時代に入っては、稗田氏は歌舞の役であったが古くは語部であったことは、拙著『新版・古事記成立考』の各所で述べた。

なぜ誦習者の「稗田」の名が「阿礼」なのか

稗田阿礼の「稗田」について述べたが、では「阿礼」という名が、なぜ誦習者の「稗田」という姓につけられたか、そのことについて書く。

まず指摘しておきたいのは「阿礼」という表記だが、『古事記』は「阿礼」は生れる時に用い、生まれる前は「産」、生まれた後は「生」と使い分けて書いている。『古事記』の仲哀記の神功皇后出産記事は、次のように書いている。

其の政《まつりごと》未《いま》だ竟《お》へざり間に、其の懐妊《はら》みたまふが産れまさむとしき。即ち御腹を鎮めたまはむとして、石を取りて御裳《みも》の腰に纏《ま》かして、筑紫国に渡りまして、其の御子は阿礼ましつ。故、其の御子の生れまし地を号《なづ》けて宇美という。（傍点引用者）

この『古事記』の記事では、出産前を「産」、出産後を「生」と書き、出産そのものを「阿礼」と表記している。このように『古事記』では、出産前後の「アレ」（産・生）と、出産の「アレ」を明確に区別しており、稗田阿礼の「阿礼」は出産そのものを示している。この事実からみても「阿礼」表記には、特別な意味が込められている。この「阿礼」を「稗田」の名にしていることは、「フルコトフミ」としての『古《こ》事《じ》記《き》』を生んだ誦習者だから、名を「阿礼」としたのではないかと想像できる。

神功皇后の出産記事の「阿礼」は、応神天皇の誕生のことである。この応神天皇の誕生以外に「阿礼」と書いているのは、神武天皇の皇后伊《い》須《す》気《き》余《よ》理《り》比《ひ》売《め》が生んだ皇子である。その皇子にはオホ氏の始祖神八井耳命がいる。このような「阿礼」の用例からみても、この「阿礼」という名には特別な意味が込められていることがわかる。したがって「稗田」の姓には「阿礼」という名が選ばれてつけられたのであろう。実在を示すためには、姓は猿女氏の「稗田」を用い、名はオホ氏・『古事記』にとって特別な意味のある「阿礼」にしたのであろう。序文筆者にとっては、この「フルコトフミ」は「誦習」つまり「語り」によっている生れた書だから「語り」にかかわる「稗田」を「姓」とし、「出誕」を意味する「阿礼」を「名」にしたと、私は推測している。

「語り」について折口信夫は、「宮廷の鎮魂の行事に主要な役を演ずるのが猿女であり、さうなるまでには、天石屋戸の前に於ける猿女の祖先天鈿女命の故事が重大な因縁を持ち、其が又、日本神話の一つの大きな中心となって居た。鎮魂の行事に際して、国々の語部が其の国々の国ぶりの出處を説明する。それが猿女君であった訳である」と書き、「阿礼」の名をもつ語部だから、姓が「稗田」だと書く。そして「阿礼」が「舎人」であることについて次のように書く。

後の解釈でいくと、舎人・小舎人は男であつたが、とねりと言う語の意味を推して行くと、此は女であつてもよいと言へる。とねりは、とねから出て居る。女のとねをひめとねとも言つた。古事記序文はひめとねに舎人の字をあてたと言へるし、更にとねそのものが女であつたとも言へる。後のものであるが、紫式部日記の中に、とねあらそひといふ語があつて、女房たちの遊びであつた證拠にもなる。

更に考へてよいのは、阿禮といふ名である。一言で言へば、此は神に奉仕する巫女のことをいふ。みあれの宣旨・賀茂のみあれをとめなど、あれといふ語が、神に仕へる女を示す例は多い。あれは生れで、神の出現・降下に大切な役を勤め、時に、小さき神の御子を育て上げる乳母の役をもした。それで、神々の物語が、あれをとめの口から語られる理由がわかつてくる事と思ふ。長い間、口頭で傳へられて來た、いはゆる口頭詞章を、初めて筆にして、後に殘そうとしたのが古事記である。此點で問題にしてよいのは、古事記の中に見える神名・地名に附けた符號である。訓み方に、非常な注意をはらつたあとが見える。この神名・地名は、その訓み方において、アクセントを一つでも誤ると昔からの傳へが破れ、神聖な力を失はれる恐れがあった。單に讀むためにだけ、このアクセントがつけられたものではない。口誦せられたからである。だから、この符號を古事記の本文につけた人は、太安麻呂その人か、或は、その時代以前、古事記の材料となった文書──これは考へられてよい──につけられていたか、いづれにしても、古事記成立の當時からあつたものと見てよい(9)。

このように折口信夫は述べているが、折口信夫も太安万侶以前の「古事記の材料となつた文書」と書いて、「これは考へられてよい」と書く。私の見解では「太安麻呂」以前で「古事記の材料になつた文書」を、持統朝に成立した原『古事記』と推測する。

斎部広成も『古語拾遺』の冒頭で、

蓋《けだ》し聞く。上古の世、未だ文字有らざるとき、貴賤《きせん》・老少《ろうしょう》、口口に相伝へ、前《ぜん》言往行《げんおうこう》、存《のこ》して忘れず。書契《しよけい》ありてより以来《このかた》、古《いにしへ》を談ずることを好まず。浮華《ふげ》競《きそ》ひ興《おこ》りて旧老を嗤《あざ》ける。遂に人をして世を歴《へ》て弥新《いよよあら》たに、事をして代を逐《お》ひて変改せしめ、顧《かへり》みて故実《こじつ》を問ふに、根源を識《し》ることなし。

と書いている。（「書契」は「漢字」のこと）『古事記』序文で斎部広成の「口口に相伝へ、前言往行」の「語り」「口誦」を行なったのが、「稗田阿礼」という作られた人物だが、序文筆者の多人長が、曽祖父の太安乃侶の名で序文を記した時、天武朝・持統朝に口誦者による語りを書にした「フルコトブミ」があったので、再び和銅四年（七一一）に誦習を再開し、翌年に撰上したと作文した序をつけて、現存『古事記』を弘仁年間に成立させたのである。このような成立であったとしても、「フルコトフミ」は語りによると序文で書いているのは、多人長も斎部広成と同じ考え方だったからである。

多人長が『日本書紀』の講読と講義をしたのは、弘仁三年と四年（八一二・八一三）だが、『古語拾遺』の成立は大同二年（八〇七）であり、わずか四年前である。多人長が関与した『弘仁私記』序で初めて稗田阿礼の名が登場しており、この『古事記』以外の文献に記されている事実も問題だが、稗田阿礼は「フルコト」を語ったのであり、序文ではその「フルコト（古事）」を「フミ（記）」にしたのを太安万侶と書き、「フルコト」を語った人物と、「フミ」を記した人物を分けている。このように分けているのは、「フミ」の人物より、「フルコト」を語った人物が重要であることを示している。一般に『記』『紀』と称して両書は同じ次元で論じられているが、序文を太安万侶が書いたことは疑わしいが、序文に書かれているように、『古事記』は『日本書紀』のように漢文で書かれた歴史書ではなく、斎部広成が『古語拾遺』の冒頭で書いているように、「上古、未だ文字有らざるとき、貴賤・老少、口口に相伝へ」てきた、「フルコト」を「フミ」にした書である。序文の書く成立事実に問題があっても、この事実を無視してはならない。そして「フミ」以前の「カタリ」の主体が女たちであったことも無視できない。そのことを「稗田阿礼」という誦習者の氏名、特に「阿礼」が示している。

「稗田阿礼」男性説・女性説の見解について

西田長男は「稗田阿礼—男性？　女性？—」と題する論考で、「稗田氏」は天宇受売命を祖とする猿女君氏の一族だが、本居宣長・平田篤胤・柳田国男らは、稗田阿礼は女性だと書いているとして、その文章を示し、「けれども、猿女公氏は代々猿女を朝廷に貢するのを以てその氏の存在根拠の第一とするものであることは疑ひ得ないであらうか」と書き、『政事要略』（巻八十四）の「伊賀国百姓解　申進雑愁之事」の条の「読申右小史猨女副雄」とある記事を示し、「猿女公氏の出自である男性の副雄が右少史に任ぜられていた」と書いて、「猿女公氏はよし女系相続の家であったとしても、この氏から出た男性も亦朝廷に出仕していたので、稗田阿礼は稗田海子や福貞子のように職名としての猿女であり、したがって女性であったことが明らかでない限り、男性であったかも知れないのである」（傍点引用者）と書いている。[13] 西田長男は『古事記』序文を疑っており、そのことを前提にこのように書いているが、この文章でも猿女公氏が「女系相続の家」であることを認めているのだから、猨女副雄の例で男性説を主張しても説得力はない。男の猿女氏は「右小史」という役職で、鎮魂祭の猿女の稗田福貞子・海子とは役職が違っているから、この文献を示して男性説を主張しても無理である。

　また賀茂神社の阿礼乎止女《あれをとめ》について『朝野群載』（巻二）や『柱史抄』（上巻）に、阿礼乎止女の父・兄弟を「阿礼乎止己」といい、伊勢神宮の神官を『御鎮座伝記』（景行天皇十五年九月十五日条）に「大物忌大阿礼命」とあり、「童男」がなっているから、「稗田阿礼の『阿礼』は必ずしも女性のみの名ではなかったのである」と書いている。しかし「阿礼」に「乎止女」が付されており、「阿礼」という文字は「生まれる」の意である。子を出産するのは女性だから、特例として阿礼乎止女の肉親の男性か童男に「阿礼」がつけられていても、出産の意の「阿礼」は基本的には女性にかかわる。前述したように本居宣長が「ひめとね」の例をあげて、「とねり」とあっても稗田阿礼は女性だと書いており、猿女君が「稗田」の姓であり、「阿礼」という出産を意味する言葉を名にしていることからも（男は出産しない）、稗田阿礼は実在の人物ではないが、女性とみて序文に書かれたのであろう。

三谷栄一は『古事記の成立と氏女・采女の伝承——稗田阿礼女性論再考序説——』と題する論考で、西田見解について反論している。まず武田祐吉が天照大神と須佐之男命の誓約の時、『紀』は男神の出現をもって「勝」としているのに、『記』は女性の出現を「勝」としており、十柱の神の誕生に『記』は『紀』の書かない、神事に関係する巫女の「伊豆能売」が記されていること。また『記』には、伊邪那岐命の禊祓の時、脱いだ品物から神々が出現するが、『記』のみが女性がつける「裳」を記していることを書いて、稗田阿礼女性説を主張している。

さらに武田祐吉はあげていないが、『紀』は日本武尊が東征を命じられたとき、「まことに雄々しい武者ぶり姿が描出されているが」、『記』は姨《をば》の倭比売命の前で「『天皇既に吾死ねと思ほす所以《ゆえ》か、何しかも西の方の悪しき人等を撃ちに遣はして、返り参上り来し間、未だ幾時も経《あ》らねば、軍衆を賜はずて、今更に東の方十二道の悪しき人等を平《ことむ》けに遣はすらむ。これに因《よ》りて思惟《おも》へば、猶吾《なほあれ》に死ねと思ほし看《め》すなり』とまをしたまひて、患《うれ》ひ泣きて罷《まか》ります」と書いていることとあげている。また木梨の軽皇子の物語も、『記』は「女性に味方し、女性側からの愛情が強調されている。明かに女性に支持された伝承」と書いている。さらに次のように書く。

このやうに古事記における女性の立場からの伝承には、とかく歌物語の付随されることが多い。一体記紀の歌謡の比較を通しても、古事記特有の歌謡には女性の立場からの愛情が強調されているものが多いといへるのである。記紀の歌謡のうち、古事記独自の歌謡五九首中、その大部分は男女の求婚に関する歌物語で、三五首の多きを数へ、他の歌とても前記の倭建命を慕ふ后等の歌とか、軽太子の悲恋物語、或は弟橘比売の投身にまつはる純愛譚、更に美夜受比売との物語といつた風に、女性との関係において存在するのが殆ど全てといつてよい。しかるに

> 日本書紀独自の歌は三六首で、その殆どが男性の歌だけといってよく、しかも戦闘に関するとか時の人の歌とかで、愛情の歌も極めて少く、それもほとんどが仁徳天皇にかかはるものであり、その上、求婚された相手の女性側から詠んだのは、僅に衣通郎姫の歌二首に過ぎない。[14]

このように三谷栄一は書いているが、私も『新版・古事記成立考』で、稗田阿礼女性説の柳田国男・折口信夫・西郷信綱・太田善麿・梅沢伊勢三・武田祐吉・三谷栄一・三浦祐之の見解を紹介し私見を書いた（本書では前著でも紹介したが詳細は書かなかった武田祐吉・三谷栄一の見解をくわしく述べた）。

「稗田」の猿女君と「オホ氏」と神楽と『古事記』

西郷信綱は「稗田阿礼――古事記はいかにして成ったか――」の冒頭で次のように書く。

> 稗田阿礼を男と見るか女と見るかによって、古事記の理解のしかたにかなり重大なずれが生ずるのは確かである。私がここに阿礼をとりあげるのも、古事記の読みと交叉する、そういう問題としてであって、たんに好奇心をくすぐったり、それに媚びたりするためではない。そして結論をさきにいえば、私は柳田国男と

ともに阿礼をやはり女と考える。それだけでなく、阿礼男性説に拠って古事記を読むかぎり、その読みは肝心なところ的外れる仕義になると考える。(11)

このように西郷信綱は書き、この視点に立って、稗田阿礼とオホ氏の関係についても述べている。稗田氏は天鈿女命を始祖とする猿女君の子孫で、神楽の祭事にかかわる氏族であることに対し、太安万侶のオホ氏も『記』『紀』の始祖伝承によれば、オホ氏の始祖神八井耳命（神武天皇皇子）は、皇位継承権を弟に譲って「忌人《いはひびと》」になって、二代目天皇になった弟の政治《まつりごと》に対し祭事《まつりごと》に専念したとあり、多（太）氏は稗田氏と同じに神楽にもかかわる氏族であることを、西郷信綱は文献を示して論じ、『古事記』序に稗田阿礼が登場するのは、多氏と稗田氏が神楽で結びつくと書く。(11)

「神楽」の文献に載る初出は大同二年（八〇七）成立の『古語拾遺』である。『古語拾遺』は「猿女君氏、神楽の事を供《つかまつ》る」とあり、さらに鎮魂の儀にふれて「天鈿女命の遺跡なり」と書く。天鈿女命は猿女君の祖だが、上田正昭は神楽の源流を猿女の「鎮魂のおりの神あそび」と書いており、(15)松前健も「カグラ（神楽）はカミアソビ（神遊）という語と同義」と書いている。(16)この鎮魂祭について前述した『西宮記』裏書は、天暦元年（九四七）正月二十五日に猿女が三人亡くなったので、大和と近江の猿女を貢進させ、そのうちの一人は鎮魂祭に「補任」したとある。大和の猿女は前述（二一二頁）の図で示した多神社の北の稗田に居た猿女で、この猿女が神楽にかかわっていたのである。

土橋寛は宮廷の「神楽」には広義と狭義の神楽があり、狭義の神楽は一条天皇（在位九八六〜一〇一一）の時から行われた内侍所神楽とし、広義の神楽をそれ以前の神楽（土橋は「古神楽」と書き、清暑堂御神楽・賀茂臨時祭・園韓神祭・石清水臨時祭の神楽）と書き、『古語拾遺』の「神楽」は「猿女君の鎮魂術」を指していると書いている。(17) この神楽でオホ氏と稗田氏は結びついている。

『旧事本紀』（天皇本紀）に次の記事が載る。

鎮魂祭の日、猿女君等、百歌女《ももうため》を率いて、其言本《ことのもと》を挙《あげ》て、神楽歌舞《かぐらうたまふ》。

「言本」は猿女君等が大勢の歌女を率いて挙《あげ》ているから、単なる語りではない。折口信夫はこの歌女の言本を「歌の本《もと》」「歌物語の前型」と書いている。(18)『北山抄』は語部の語りを「古詞を奏す」と書く。「フルコト」は単なる語りではないから「奏す」と書き、「其の音、祝《いはひ》に似て又歌声に渉《わた》る」と書く。「祝」は祝人のことだが、語部の語りが祝人の祝詞《のりと》や歌声に似ているのは、猿女が歌女を率いて「言本《ことのもと》を挙《あげ》て」と同じである。『北山抄』は長和から寛仁年間（一〇一七〜一〇二一）成立だから、文書を松明《たいまつ》で照して読むことを「古詞《ふるごと》を奏す」と書くが、文字（漢字）が伝来する以前の古代では、『古語拾遺』の冒頭で書くように、文書を読まず「フルコト（古言・古事）」を奏したのである。この古代のやり方を猿女君は「百歌女を率いて」行っているのであり、「言本《ことのもと》を挙《あげ》て」とは「古詞《ふること》を奏す」ことである。

この「言本を挙て」を折口信夫は「歌の本《もと》」と書いているが、(18)「歌の本」は神事として行われたから、オホ氏・猿女がかかわる「神楽歌舞」の神事芸能と深くかかわっている（このことは拙著『新版・古事記成立考』で詳述した）。この行為は猿女（稗田）氏の始祖天宇受売命《あめのうずめ》の天石屋戸の前での行為と重なる。『古事記』は天宇受売命は「神《かみ》懸《がかり》して」、「遊《あそび》」をしたと書くが、この遊びが「神楽」であり「歌舞」であり、猿女（稗田）の始祖伝承は後代の猿女の職掌を示している。『古語拾遺』は猿女君は「神楽の事を職とする」と書いているが、この神楽は「言本を挙る」のに伴っての神事なのは、猿女が神がかりして古事《ふること》（言本・神語）を発する（挙る）巫女だったからである。したがって「古事」を語る誦習者として『古事記』序文に稗田阿礼という人物が作られ、登場したのであろう。

西郷信綱は稗田阿礼は猿女君で神楽の祭事にかかわる氏族だが、オホ氏の『記』『紀』の始祖（神武天皇の皇子神八井耳命）伝承によれば、オホ氏は神事にかかわる氏族で、平安時代初期には宮廷神楽の祖といわれた多自然麻呂が活躍していることをあげて、宮廷神楽で稗田氏とオホ氏は結びつくと書き、「記紀歌謡とよばれるが、雅楽寮の宮廷大歌は多氏の管理するところであったのではなかろうか」と書いて、記紀歌謡を管理していたことが『古事記』に関与した一因と書いている。(11) 折口信夫は「国造本紀の伝へる所を信じれば、語部の語るのは『歌《ウタ》の本《モト》』であった」と書き、語りは本来（文字のない古代）は歌語りだから、「古事記は歌物語の前型」だと書く。また歌には大歌と小歌があり、「大歌と言ふ名は、民謡・童謡を小歌と称したのに対した官家の歌、即、宮廷詩と言う事になる。形式の長短に関係なく、公私の区別を大・小で示したものに過ぎぬ」と書く。(18)「官家の歌」の大歌にかかわる。大歌師のオホ氏が勤める大歌所は、折口信夫(19)も林屋辰三郎(20)も歌舞所《うたまひどころ》が前身とみている。「歌舞」は猿女（稗田）氏とかかわるから、オホ氏・稗田氏は「歌舞」と結びついているが、この「歌舞」は「神語り」ともかかわっており、「神事」には「神語り」に付随して歌《うた》・舞《まい》が行なわれるのであり、主体の「カミガタリ」が「フルコト」なのである。その「フルコト」を「フミ」にしたのが『古事記』だから、『新版・古事記成立考』で述べたようにさまざまな『古事記』があるが、現存『古事記』の原本は天武・持統朝の内廷（後の「後宮」）でまとめられた、女たちの「フルコト」の「書」と、私は見ている。

持統朝に編纂された原『古事記』と多品治

おわりに拙著『古事記成立考』や『新版・古事記成立考』では書かなかった推論を書く。持統朝で最終編纂が行われて原『古事記』は完成したが、世に出なかった理由は二つある。第一は持統朝に現存の『日本書紀』の編纂が開始されたからである（持統朝からの『日本書紀』の編纂開始については、森博達の『日本書紀の謎を解く』が詳細に書いている）。第二の理由は、第一章・第二章で述べたが、特に第一章で述べた、今まで（神武天皇以来）行われなかった皇位を「孫」に直接継承させるために『古事記』を用いて、最大の目的を達したからである。

第一章（四八頁）で『万葉集』に載る柿本人麻呂の「日並皇子尊の殯宮の時」の長歌を示した。この長歌で詠まれている「高照らす　日の御子」は天武天皇で、天武天皇の皇子だから草壁皇子は、「日並皇子」なのである。この「高照らす　日の御子」

の前に、次の歌詞がある。

天照らす　日女の命　一には「さしのぼる日女の命」といふ　天をば　知らしめすと　葦原《あしはら》の　瑞穂《みずほ》の国を　天地《あめつち》の寄り合ひの極み　知らしめす　神の命と　天雲の　八重かき分けて　一には「天雲の、八重雲別けて」といふ　神下し　いませまつり　高照らす　日の御子は……

「日の御子」は「日女の命」の命令で降臨しているが、柿本人麻呂が詠む「天照日女命」は、天武天皇の母の皇極・斉明天皇である。人麻呂の歌によれば、

天照日女命（皇極・斉明天皇）——高照日の御子（天武天皇）

なのである。「日女」から「日神」に成り上ったのは、皇后から天皇になった皇極・斉明天皇であり、この崩御後、高天原に昇って「天照日女命」になった母神が、降臨させたのが「日の御子」の天武天皇で、その天武天皇の皇子の草壁皇子も、「日の御子」だから「日並皇子」といわれたのである。柿本人麻呂の「日の御子」は「天子」であって「天孫」ではない。第一章の「天孫降臨神話が示す『古事記』の成立」で書いたが、本来の降臨神話は、

皇極・斉明女帝——→天武天皇

の神話化であり、皇極・斉明天皇は「天照日女命」であった。天武朝の内廷（後の

「後宮」）で語り伝えられた帝紀・旧辞を記録した時の神話（神代記）は、柿本人麻呂が日並皇子挽歌で歌い上げているように、天照日女命が日の御子を降臨させる神話であったろう。しかし日並皇子の草壁皇子が若くして亡くなったため、持統天皇は中臣大嶋・藤原不比等らと共謀し、孫の軽皇子に皇位をつがせようとはかり、まず大津皇子に謀友の疑いをかけて自死に追い込み、皇位継承権の順位の低い高市皇子を太政大臣にして、軽皇子が成人の十五歳になるまで協力させていた。しかし都合よく軽皇子が成人式をあげる直前に急死している。あまりにもタイミングのよい急死だから、自然死とは思えない。高市皇子の死後、持統天皇の後の皇位継承者を誰にするか、会議が開かれた。この会議は「群臣・各私好《おのがじしこう》を挟みて、衆議《しゅぎ》紛紜《ふんうん》」であった。すると葛野王が「我が国家《みかど》の法と為《な》る、神代以来、子孫相承《あいう》けて、天位を襲《つ》げり」と発言して、皇位継承者を「子孫」のうち、「子」でなく「孫」に継承させることを、天武天皇の皇子の弓削皇子の発言を封じて、強引に決定している。

「神代以来　子孫相承けて」という発言には、「神代」が「子孫相承けて」であったことを証明するものが必要であった。その証明書が原『古事記』であった。第一章で述べたが、原『古事記』の元の降臨神話では天子降臨神話であったのを、強引に天孫降臨に改めたのである。そのことは『記』だけでなく『紀』の一書の記事でも、「子」を「孫」に改めていることからも証明されるが、詳細は第一章・第二章で述べた。

証明の代表例が『記』『紀』に載る降臨した嬰児の天孫ニニギが、降臨した直後、葦原中国で、コノハナノサクヤ姫と「一夜婚《ひとよまぐはい》」をして「一夜妊《ひとよはらみ》」させていることが証している。この「一夜婚」「一夜妊」は成人の天子降臨ならありうるが、天孫の嬰児降臨であり得ない。持統天皇十年の大津皇子死去の直後の皇位継承の会議に出席した人々は、この天孫降臨の載る原『古事記』を読んでいたろう（意図して読ませたであろう）。しかしその『古事記』は少人数の人々に読まれたに過ぎないだろう。ではなぜ、そのような『古事記』が多（太）氏の家にあったかである。

『日本書紀』持統天皇十年八月条に、次の記事が載る

　直廣壹を以て、多臣品治に授けたまふ。并《あはせ》て物賜ふ。元《はじめ》より従ひたてまつれる功と、堅く関を守れる事を褒《ほ》めたまふなり。

「直廣壹」は正四位下にあたるが、「元より従ひたてまつれる功」とは、『日本書紀』（天武紀上）に、次の記事が載るからである。

　今聞く。近江朝庭の臣等、朕が為に害《そこな》はむことを謀《はか》る。是《これ》を以《も》て、汝等三人、

急《すみやか》に美濃国に往《まか》りて、穴八麻郡の湯沐令多臣品治《ほむじ》に告げて、機要《はかりことのぬみ》を宣《のたま》ひ示して、先づ當郡の兵を發《おこ》せ。仍《なお》、国司等に經《ふ》れて、諸軍を差し發して、忽《すみやか》に不破道を塞《ふさ》げ。朕、今發路《いでた》たむ。

この記事が壬申の乱の発端である。多品治は最初に挙兵し不破の関を守っただけでなく、翌日の六日には美濃から伊賀に出兵し、莿萩野《たらの》で田辺小隅の軍と戦い撃破している。そのときの多品治を壬申紀は「将軍」と書いている。壬申の乱でもっとも重要な最初の挙兵を、天皇から直接命じられたのが多品治であることからみても、天武天皇の厚い信頼を受けていたであろう。その信頼は「湯沐令《ゆのうながし》」であったことからいえる。湯沐令は湯沐邑《ゆのむら》の管理者である。湯沐邑とは東宮や中宮に限られた直轄領をいう。直木孝次郎は湯沐令は「湯沐邑の直轄的性質からいって、一般の官吏とはやや異なり、おそらく大海人皇子によって任命され、大海人と個人的な隷属関係をもっていたものであろう」と書く[21]（傍点引用者）。「湯沐令」は天武即位前紀（壬申紀）のみに記されているが、上田正昭は「湯沐」について「壬生《みぶ》部のごときもの」と書き、「壬生部は別に乳部《みぶ》」とも書くように（『日本書紀』皇極天皇元年是歳の条）皇子養育のための部」と書いている。そして、なぜ『古事記』と直接には関係しない壬申の乱のことを、多くのスペースをさいて『古事記』序は書いているのか、と問い、その答として、太安万侶の父と見られる多品治が、壬申の乱に活躍していたからと見て、天武朝での『古事記』の編纂に多品治が関与していたと論じている。(22)

私も上田見解を採るが、『古事記』は持統朝になって、「天子」降臨を「天孫」降臨に改める編集が行なわれたが、持統朝の編集に多品治は関与したのではないかと、私は推測している。前述したが持統朝の『古事記』編纂には中臣（藤原）大嶋・藤原不比等が関与していたと推論したが、『日本書紀』（天武天皇十四年九月十八日条）に、多朝臣品治・藤原朝臣大嶋は他の八人と共に、天皇に呼ばれて「博戯《はくぎ》」をしたとある。博戯は「ばくち」で方法は未詳だが、『史記』（巻一二九）には「博戯、悪業也」とあり、後代にはわが国でも禁じられている。この博戯に二人は天皇に呼ばれて参加しているから、天武天皇に信頼されていたことがわかる。この博戯の二年前の十二年十二月十三日には、多臣品治と中臣連大嶋は伊勢王と共に、「天下を巡行し、諸国の境界を限分《さか》ふ」と書いている。この二つの記事では、いつも多品治が藤原（中臣）大嶋より先に書かれているが、十二年の記事では二人共「小錦下（従五位下相当）」とある（天武十四年の博戯の記述には官位は書かれていない）。このような記述からも品治と大嶋は親しかったことが推察できる。

持統紀になると元年八月二十八日には、藤原朝臣大嶋らに命じて飛鳥寺で天武天皇を供養をさせ、四年正月の持統天皇の即位式には天神寿詞を大嶋は詠み、五年十一月にも神祇伯として大嶋は天神寿詞を詠んでいる。七年三月十一日に大嶋は賻物《ふぶつ》を賜っているが、この頃に死去したと推測されている。大嶋が天武、持統天皇に信頼されていたことがわかる。

多品治についても、持統天皇からも信頼されていたことは、持統天皇十年八月二十五日の記事からもわかるが、天武紀の記事からすると、湯沐令は大海人皇子の壬生（乳）部の長だから、皇子の妃であった鸕野讃良《うのさらら》皇女の時代から、多品治は持統天皇と親しく、信頼されていたことが推測できる。

以上のような考証（多品治が藤原氏・持統天皇と密接な関係があったこと）からしても、多品治の天武・持統朝の原『古事記』関与が推測できる。上田正昭は多人長が湯沐令であったことから、天武天皇の側近として天武朝の『古事記』編纂に関与していたであろうと推論しているが[22]、私は『古事記』の天子降臨神話を天孫降臨神話に変えたのは持統朝と見るが、湯沐令は皇子の乳部といわれる職であったから、鸕野讃良皇女の頃から多品治は後の持統天皇と親しく、さらに中臣（藤原）大嶋の友人であったことから、持統朝の原『古事記』編纂に大嶋と共に関与した。したがって原『古事記』が多氏の家にあり、その『古事記』に太安万侶の名前の序文を多人長がつけて、世に出したのが現存『古事記』と、私は推論するのである。

第六章

上田正昭「『古事記』は偽書か」批判

現存『古事記』は平安時代の表記を用いている

本書のゲラ刷が出た昨年暮の一二月下旬、上田正昭著『私の日本古代史（下）』が刊行された。そのトップに「『古事記』は偽書か」と題する章が載る。その章を読み、第六章を付記する。

上田正昭は、日本古代史研究の碩学として『古事記』を論じている。「記・紀」と呼ばれ、『日本書紀』と共に歴史学者も『記』を引用し、その内容も研究されているが、「記・紀」のうち「記」は、主に国文学者の研究対象としての文献であり、私が四十年ほど前から属する「古事記学会」は、歴史の古い学会だが、多くの会員は日本古代史学者・研究家よりも、上代文学者・研究家が多く、「歴史」的視点より「国文学」的視点で、現存『古事記』を研究する学会である。また私が一時属していた上代文学会も『古事記』研究の学会であった。したがって日本古代史の視点でのみ論じられている上田見解に、私は賛同できないのである。

私は序文を除けば日本最古の古典だと、拙著『古事記成立考』（一九七五年刊）、『新版・古事記成立考』（二〇〇九年刊）で詳述した。序文は偽作だが、本文は天武・持統朝の内廷（後の「後宮」）で編纂された「古事記《ふることふみ》」だというのが、私の主張である。そのことは上代特殊仮名遣の使用が示しているが、私が検証した現存『古事記』の「ワニ」表記は、上代特殊仮名遣が序文の和銅五年（七一二）より古いことを示しているのに対し、逆に新しいことを示している（このことは拙著『新版・古事記成立考』の冒頭の四七頁〜四九頁で述べた）。

『古事記』に載る「ワニ」表記を表で示す。

和爾	和爾佐（一例）和爾吉師（一例）和爾師（一例）
和邇	和邇（五例）和邇吉師（一例）和邇師（一例）和邇池（一例）
丸邇	丸邇坂（一例）丸邇之許基登臣・丸邇之佐都紀臣・丸邇日爪臣・丸邇之比布礼能意富美（いずれも各一例）

序文によれば和銅五年（七一二）成立なのに、もっとも多い「邇」表記は『古事記』成立の百年後の表記である。そのことを次頁で示す。

書　名	成立年	表　記
新撰姓氏録	八一四年	三例、和邇部。各一例、和邇部臣忍海・和爾部宿禰
日本後紀	八四〇年	一例、和邇部臣真嗣
続日本後紀	八六九年	各一例、和邇臣龍人・和邇部臣真行・和邇部鳥継・和邇部福長
文徳実録	八七八年	一例、和邇部広刀自女

『古事記』『新撰姓氏録』『日本後紀』『続日本後紀』『文徳実録』の「ワニ」表記は、『古事記』は平凡社刊『古事記総索引』、『新撰姓氏録』は吉川弘文館刊（佐伯有清著）『新撰姓氏録の研究　本文篇』、『日本後紀』『続日本後紀』『文徳実録』は、吉川弘文館刊『国史大系　六国史索引』に依っているが、なぜか『古事記』の「ワニ」の「邇」表記は、『古事記』序が書く和銅五年（七一二）よりも百年も後の『新撰姓氏録』以降に用いられている表記である。

そのことは『古事記』の序文が書く成立年の和銅五年（七一二）より八年後に成立した『日本書紀』が、『古事記』が「和邇」・「丸邇」と書く「邇」表記をまったく使用いていないことで証している。吉川弘文館版『日本書紀索引』によれば、『日本書紀』の表記は次のような「ワニ」表記である。

和珥臣（十七例）　和珥池（二例）　和珥坂（二例）　和珥部臣（一例）　和珥武鐰坂（一例）　和珥津（一例）

以上二四例の「ワニ」の「ニ」表記には、『日本書紀』より先に成立したと序文が書く『古事記』の「邇」表記が、まったく見られない。「邇」表記は、七八〇年（宝亀十一年）から八〇三年（延暦二十二年）頃の間に成立したといわれている『万葉集』によようやく見られる。『万葉集』の検証は平凡社版の正宗敦夫編の『萬葉集總索引・単語編』でおこなった。その結果は、

「爾」　三五六九例

「邇」　一〇例

である。この事実からも『古事記』が用いる「邇」表記は、八世紀の末頃に初めて用いられ、九世紀に入って本格的に用いられている。平安時代初頭から用いられている「和爾」・「丸邇」・「和邇」表記のみを『古事記』が用いているのを、上田見解が述べるように『古事記』序文を信じた場合、どう説明すべきだろうか。

序文の成立年を否定する歌謡表記の新しさ

次に『日本書紀』・『万葉集』・『古事記』の文字表記は、

日本書紀――→万葉集――→現存『古事記』

となる。この事実も無視できないので、代表例を歌謡表記で示す。

ヤマ（山）

『日本書紀』　椰摩　夜摩　野麼　夜麼　夜麻
耶麼　野磨　耶麻　夜莽　椰莽

『万葉集』　夜麻　野麻　八萬　也末

『古事記』　夜麻

ヤマト（大和）

『日本書紀』　耶麻騰　椰磨等　夜麻苔　夜莽苔　椰莽等　野麼等　野麻登
野麻等　野魔等　野麻騰

『万葉集』　夜麻登　夜麻等　也麻等　夜萬登　夜末等

『古事記』　夜麻登

カハ（河）

『日本書紀』　伽波　箇破　哿籔　哿波　舸播　箇播

『万葉集』　可波　加波　河波　河泊

『古事記』　賀波

「ヒト」（人）

『日本書紀』　比到　比苔　比等　臂苔　臂等　比登　比騰

『万葉集』　比等　比登　必登　比得

『古事記』　比得

「ヲトメ」（少女）

『日本書紀』　烏等咩　烏苔咩　塢等咩　烏等謎　惋等賣

『万葉集』　乎等女　乎等賣　越等賣　未賣女　尾迹女

『古事記』　袁登賣

『新版・古事記成立考』では、『記』と『紀』は、それぞれの表記の載る歌の歌謡番号、『万葉集』については巻数と歌番号を明記し、二十一例を示したから、詳細は拙著（一九八頁〜二〇八頁）を読んでほしい。この表記の『万葉集』と『古事記』について、問題点として『古事記』は一人だが『万葉集』は多数の人によるから、表記が『古事記』より多様だという意見がある。しかしそのような見解は、『古事記』『日本書紀』『万葉集』の歌謡表記を比較検証すればいえない。

前述の三書の比較もこれから示す表記も、高木市之助・高山民蔵編『古事記總索引』。正宗敦夫編『萬葉集總索引』。大野晋「日本書紀歌謡訓注語彙索引」（『上代仮名遣の研究』所収）。土橋寛『古代歌謡全注釈・古事記編』。『古代歌謡全注釈・日本書紀編』。日本古典文学全集『古事記・上代歌謡』などを参考にした。詳細の検証は『新版・古事記成立考』の一九八頁から二〇八頁にわたって行なったが、その一部を示す（『新版・古事記成立考』では、『記』『紀』については歌謡番号、『万葉集』には巻数、歌番号を記したが、本書では略す）。

言葉	日本書紀	万葉集	古事記
アハレ（哀）	阿波例・阿波礼	安波礼	阿波礼
イセ（伊勢）	伊斉・伊制	伊勢	伊勢

イリ（入）	異離・伊離・以利・以梨	伊利・伊里	伊里
ウミ（海）	宇瀰・宇彌	宇美	宇美
コト（琴）	虚等・渠騰・莒等	許等・許登	許登
タマ（玉）	多麻・陁磨・柂摩・陁麻	多麻・多萬	多麻
タレ（誰）	多例・施例・駄例・陁黎	多禮	多禮
ツマ（妻）	菟磨・菟摩・都摩・都磨	都麻・追麻	都麻
ミキ（御酒）	瀰枳・彌企	美伎	美伎
ミチ（道）	瀰智・彌知・瀰致・彌知	美知	美知

この『日本書紀』・『万葉集』・『古事記』の三書のうち、『古事記』序の記述を信用すれば、『古事記』がもっとも古いのに、歌謡表記ではもっとも新しく「一字」に統一されている。『古事記』の成立を序文の書く和銅五年（七一二）成立と認めた場合、もっとも新しい表記方法が『古事記』である。この事実をどう説明するのか。

『日本書紀』より『万葉集』が、表記の多い例がある。

キミ（君）

『日本書紀』　企弭　枳瀰　老瀰　枳彌

『万葉集』　伎美　吉美　伎彌　吉民　枳美　岐美　伎見

『古事記』　岐美

カミ（神）

『日本書紀』　加微　伽未　柯微

『万葉集』　可未　可尾　可味　可見　可美　加美　賀美

『古事記』　迦微　加微

この「キミ」と「カミ」の例では、『日本書紀』より『万葉集』が漢字表記が多いから、この多さから『万葉集』は多数の人の表記だからという見解も出るだろうが、とすれば、例示した漢字表記の数がほぼ同数でなければならないが、そうではない。「キミ」についていえば、『万葉集』には伎美は九四例あるが、吉美は十二例、伎彌は四例、吉民が三例、枳美・岐美・伎見に至っては一例のみである。また「カミ」も、『万葉集』の可未は九例あるが、可尾・可味・可美は二例、可見・賀美は一例である。この事実からみても『万葉集』の不統一は、表記例が多数の人によるのではなく、表記がまだ未整理だったからである。

以上の例は私が初めて『新版・古事記成立考』で示したのだが、国語学視点で『日本書紀』・『万葉集』・『古事記』の表記を比較検証すると、『古事記』がもっとも新しい。この事実は、私が国語学者でないからと言って否定することはできない。このように『古事記』という文献が示している事実・真実は、現存『古事記』の序文が書く「和銅五年」成立では説明が出来ない。

平安朝初期の清濁表記のある現存『古事記』

大野晋は「日本書紀の清濁表記」で、『日本書紀』を漢音系、『古事記』『万葉集』を呉音系とし、系統の違いによって『日本書紀』は不統一・複雑、『古事記』は統一・単純と書く[1]。しかし私が例示したように、呉音系の『古事記』と『万葉集』を比較検証しても、明らかな相違があり、『古事記』表記は統一されており新しい。そのことは、七九七年（延暦十六年）成立の『続日本紀』の歌謡表記の検証からもいえる。『続日本紀』に載る歌は八例のみだが、『古事記』と同じ一字一音表記の歌が六例あり、

『古事記』の歌の表記は『続日本紀』に近い。その歌のうちの橘諸兄の歌を『続日本紀』は、

　蘇良美都　夜麻止乃久爾波　可未可良斯　多布度久安流羅之　許能末比美例波

と書く。この歌の「蘇良美都《そらみつ》」表記は『万葉集』にはないのに、『古事記』には「蘇良美都」表記が三例載る（歌謡番号七二・七三・九七）。このように『古事記』序文が『古事記』の成立を明示する和銅五年（七一二）の表記が、『古事記』より後の『日本書紀』にはまったくなく、なぜか八五年も後の延暦一六年（七九六）成立の『続日本紀』の歌と、表記が一致するのはどういうことか。この事実からも、『古事記』の序文の和銅五年成立を信用していては、説明できない。

　大野晋は『上代仮名遣の研究』で、『古事記』『万葉集』『続日本紀』の清濁表記を検証し、『古事記』が清濁を正しく分離しているのに、『古事記』より後に成立した『万葉集』や『続日本紀』が混淆しており、平安時代に入ってから清濁表記が混淆から整理統一されている事実に注目している[1]。これは私が漢字表記の言語表現が、前述したように未整理の多数表記の『日本書紀』から、なぜか『古事記』になると整理統一されていると指摘していることと一致する。

清濁表記は大野晋の指摘によれば、次のようになる。

仮名の清濁の截然とした分離（古事記）――→仮名の清濁の混淆（万葉集・続日本紀）――→仮名の清濁の截然とした分離（平安時代の文献）

このような見解は清濁表記だけではない。歌謡表記も上田正昭が主張するように、『古事記』が和銅五年（七一二）成立なら、次のようになる。

仮名の統一・整理した表記（古事記）――→仮名の統一・整理されない表記（『日本書紀』・『万葉集』）――→仮名の統一・整理した表記（平安時代の文献）

このように『古事記』の仮名や清濁の表記が、平安時代の文献と合致している事実をどう説明するのか。言語学者・国語学者の大野晋は、このような事実は「特別の事情の存しない限り、音韻史的な見地からは想定しにくいこと」だから、「特別の事情」を『古事記』の編者太安万侶の「すぐれて国語学・言語学的資質が、先駆的におこなった」と解し、次のように書く。

古事記の假名を見るときに、われわれの「カ」にあたる假名は「加」、「ガ」にあたる假名は「賀」で書かれ、「サ」には「佐」、「ザ」には「邪」、「タ」には「多」、「ダ」には「陁」と明瞭な使い分けが存して、相互に混淆することは極めて稀れであり、混淆と思はれる例には、いくつかの類型が認められて、その大部分は文献的に、また音聲学的に説明し得るものである。

一體何故かやうな使ひ分けが可能であったのであらうか。思ふにそれは、古事記の筆者が、國語に於ける清濁の對立を音韻として明確に辨別し、一語一語の各音節の清濁をそれぞれ明らかに固定的にわきまへてをり、且つ假名として用ゐる漢字の字音の差異を識別して、國語の各音韻に各々充て用ゐたが爲である。それによって我々は今日その使い分けを明瞭に知ることが出來るのである。

かやうに古事に於ては、假名の清濁の別が截然と分かれてをり、しかも、各々の語に於ける清濁が、現代、室町時代、平安時代を通ずる清濁の別と殆んど全く相應してゐる。この事實は奈良時代の日本語に於ける音韻としての清濁の對立の有無を考察する上に種々の手懸りを與へるものである。少くとも古事記の筆者は清濁を音韻として區別してゐた。即ち、奈良時代初頭には清濁を區別しうる人間があったことはたしかである。これは特異な人間に於てのみ可能なことであったらうか。(1)（傍点引用者）

大野晋は現存『古事記』の序文を信じるから、平安・室町時代の清濁の音韻の区別とほとんど変らない区別を、奈良時代の初頭の太安万侶が行なっている事実について、言語学者として言語表現についての学問上の説明が出来ないから、「特異な人間」という表現で説明している。しかし、「可能なことであった」と書かず「可能なことであったらうか」と書いていることから見ても、この高名な言語・国語学者も、この事実に困惑しているのである。この困惑の事実は無視できないから、現存『古事記』の国語学・言語学的視点、幅広く言えば国文学視点を無視して、日本古代史の視点だけで序文のついた現存『古事記』の成立は、結論できないのである。

太安万侶を特異な人物にする言語学上の問題

現存『古事記』の訓注・音注についても『古事記』の新しさが目につく。小林芳規は「古事記の用字法と訓読の方法」と題する論文で、『日本書紀』の訓注では漢字一字・二字の場合もあるが、一字以上の語句や連句を抜き出した例が少なくない。この用法について小林芳規は、「文乃至は語句の全体を理解した上で、その理解に相応する日本語の文乃至は語句を充るという、古代の訓読の方法をうかがわしめるものである」と書く。しかし「一方の『古事記』にはこのような例がなく、個々の漢字（一字に二字連合した）ごとの訓が特徴」と書き、「『古事記』のような個々の漢字ごとに訓する即字的訓読は、平安朝以降にみられる」と書いている。(2)（傍点は引用者）

また小林芳規は、平安朝以前にみられる古い用法の、「一字返読の方法」・「一漢字に二語が充てられる訓法」・「二漢字に一語を充てる訓法」・「多漢字に多語を充てる訓法」・「読添語を含む訓法」・「助字の訓法」などについて、詳細に実例をあげて示し、『古事記』の序文によれば平安朝以前の奈良時代の成立なのに、なぜか同時代の用例がなく、『古事記』の訓注は、「平安朝以降にみられる訓注だ」（傍点引用者）と明記している。(2)

小林芳規は、「日本書紀訓注と古事記訓注とは訓読という点において、大きな相違がある」と書き、「その相違は、両訓注の本質的な差に係る」と書く。そして「古事記の訓注は、訓漢字で表現する基盤の中に成った」と書き、「訓漢字で表現する基盤」がつくられた時代は、訓と漢字の対応が「定着し」、一定の訓を所定の漢字で表すことが「習慣的に成立し」、それが通用する「社会性と体系性」のある時代と書く。そのような時代を小林芳規は「平安朝初期」と明記している。(2)

しかし小林芳規も大野晋と同じに『古事記』の序文が書く和銅五年（七一二）の成

立を否定できないから、この事実、平安時代初期にみられる用法が『古事記』にあることについて、「太安万侶の先駆的創始による用法」と書き、小林芳規の結論も、前述した大野晋の『古事記』の清濁表記についての結論と、まったく同じである。

わが国の国語学者・言語学者として、碩学の大野晋・小林芳規が、このような同じ結論を書くのは、『記』の序文を無視できずに結論するからである。

百年後の表記表現を太安万侶が実行していたという結論を認めるためには、太安万侶が和銅年間にそのような国語学者・碩学であったことを立証する必要がある。しかし後述するが、太安万侶は有能な官僚ではあるが、安万侶の時代より百年も後に用いられている表記を、「先駆的創始」するほどの言語学的能力は認められない。あるとすれば安万侶の孫か曾孫の多人長である。

現存『古事記』の成立を和銅五年にこだわらず、平安時代初期に下げれば、「先駆的創始による」とか、「特異な人間」をもち出さなくても、国語・言語学者として「音韻的見地から」説明できる。しかし現存『古事記』の序文がさまたげになって、言語学者・国語学者としては「音韻的見地」に立って説明できないので、学者でない一般人・素人でも言える、個人の資質をもち出して説明せざるを得なくなっているのである。このような立場に大野晋・小林芳規の両氏を追い込んだのは、すべて『古事記』序文にあり、この序文が正当な言語学的判断を碩学たちに下せなくしていることからも、序文の書く成立年・月・日をストレートに信用するわけにはいかないのである。

『記』の仮名表記は『紀』と合わず『万葉集』と合う

一字一音の漢字表記は外来の文字をわが国の言葉にあてはめるのだから、最初は漢字表記も一定化できない。したがって多様な表記になっているのである。それが時代が下がるにつれて、書き易い漢字表記になり、さらに仮名表記の「ヒラカナ」・「カタカナ」になる。この事実からすると時代が下がるにつれて書き易い表記になる。その例を『日本書紀』・『万葉集』・『古事記』の仮名表記で示す。

	日本書紀	万葉集	古事記
イリ（入）	異離	伊里	伊里
ウミ（海）	宇瀰	宇美	宇美
キミ（君）	枳瀰	岐美	岐美

コト（琴）	渠騰	許登	許登
タマ（玉）	柂摩	多麻	多麻
タレ（誰）	陁黎	多禮	多禮
ツマ（妻）	莵摩	都麻	都麻
ヒト（人）	比騰	比得	比得
ミキ（御酒）	瀰枳	美伎	美伎
ミヅ（水）	瀰逗	美豆	美豆
ミチ（道）	瀰致	美知	美知
ヤマ（山）	椰摩	夜麻	夜麻
ヤマト（大和）	耶麻騰	夜麻登	夜麻登
ヲトメ（少女）	塢等咩	乎等賣	袁登賣

『万葉集』と『古事記』の表記はほとんど同じだが、前述したが『万葉集』は一例だけでなく数例かそれ以上の使用例があり、その中で『古事記』と同じ文字例をここで載せたのである。『日本書紀』も『万葉集』と同じに多くの漢字表記を記しているが、『万葉集』になると『日本書紀』より書き易い文字を用いており、『古事記』の表記と

一致する。この事実も『古事記』の序文が書く、和銅五年成立を否定している。『古事記』の序文によれば『日本書紀』と同じに公式の史書で、元明天皇に献上されている。とすれば和銅五年（七一二）成立の『古事記』の簡単化表記が、八年後の養老四年（七二〇）成立の『日本書紀』にまったく影響していないのはなぜか。百年後の表記を『古事記』のみが用いている理由について、納得のいく説明が必要である。

西宮一民は「太安万侶の文字表記の考察」で、稲岡耕二の『人麻呂の表現世界』で書く見解にふれて、稲岡耕二が『万葉集』の「略体歌」を「古体」と称しているのを、「訓字羅列表記方式」と書いて「A」とし、稲岡耕二が「新体」と書く「非略体歌」を「B」として、「訓字・仮名表記方式」と書く。そして稲岡耕二が「最も後れて真仮名表記が起った」と書く「仮名表記方式」を「C」とし、「今、稲岡氏の主張をA・B・Cにあてはめると、A→B→Cという時代順の矢印で表せそうに見える」と書く[3]。しかし『古事記』の「仮名表記方式」は「C」だから、西宮見解に合わなくなってしまう。というのは、西宮一民も上田正昭と同じに『古事記』の太安万侶撰上とある序文を疑わず、ストレートに認めているからである。この認識では『古事記』の表記は当然「A」でなければならない。しかし「C」だから、西宮一民は現存『古事

記』の表記は「表記史的変遷の流れに逆行し、音韻史的見地からは想定外」と書いている。(3)（傍点は引用者）

なぜ、西宮一民は『古事記』の表記を「逆行」・「想定外」と書くのか。現存『古事記』の表記が、太安万侶という人物が編纂したと序文に書く和銅五年よりも、百年近く後代の表記と一致し、序文が『古事記』の成立として書く時代の表記と、まったく一致しないからである。西宮一民が「表記史的変遷の流れの上にあるものではなく」と書くのは、大野晋が「音韻史的な見地からは想定しにくいこと」と書くのと同じである。「表記史的」・「音韻史的」見地に学者として正しく立脚すれば、現存『古事記』の成立の上限は平安時代初頭になる。しかしこの事実を認めたくないので、前述したように太安万侶を「特異な人間」（大野晋）と書き、太安万侶による「先駆的創始による用法」（小林芳規）という書き方をする。西宮一民は大野晋・小林芳規と違って、単なる国語学者でなく、古事記学会の幹事でもあったが、なぜかこの「表記史的変遷の流れの上にあるものではない」と書く現存『古事記』の表記が、序文の「和銅五年」成立の時代及びその前後の表記と、まったく一致しない事実について、理由説明をしていない。

現存『古事記』に載る上代特殊仮名遣をめぐって

現存『古事記』の成立については、上代特殊仮名遣が『古事記』に用いられていることをもって、序文に書かれている時代の成立のキメテとする見解がある。その代表が大野晋である。私は三八年前の一九七五年刊の『古事記成立考』の第四章で、次のように書いた。

大野晋氏は「日本語の起源」（岩波新書）で、「奈良時代末期の文献では、甲類乙類の区別は次第に乱れてきており、平安時代に入るとほんの一部コの甲類・乙類の区別を残して、他はまったく見えなくなってしまう。すなわち平安時代のはじめの人は、万葉集のころの人が区別していた発音を、もはや言い分けず、書き分けなかった毛（mo）と母（mö）との区別を一つも誤またずに書き分けるなどということは、とうていできるはずがないので、現存『古事記』が平安朝初期（中沢見明説）・奈良朝後期（松本雅明説）に書かれるはないと、偽書説を批判している。

しかし大野晋氏のいうとおり「平安時代の人」は「言い分けもせず、聞き分けもしなくなっていた」としても、古語を研究していた当時の学者も同様とみてよいであろうか。

このように私は書いて、古語を研究していた学者として、多人長について詳論しているのに、私を批判する論者たちは、この冒頭だけを読んで、その後に詳細に述べている私見を読まずに批判している。

一九七五年刊の旧版の『古事記成立考』の六六頁～六七頁で書いた論考については、一九八〇年の「国文学」十一月号に山口佳紀は「上代特殊仮名遣い研究から見て古事記偽書説は成り立つのか」と題して、私説を批判し、大野晋も『日本語の世界（1）』（岩波書店）で私説を批判しているので、両氏への反論を一九八一年一月号の「国文学」に「古事記の成立と上代特殊仮名遣――山口佳紀氏・大野晋氏の批判に答える――」を掲載した。その反論の要旨は次のような見解である。

山口佳紀は拙著の文章を引用して次のように書く。「平安初期に現代の言語学者のような人物がいたと想像することの不合理は言うまでもなく、仮りにいたとして、それを見て古さの証拠と考えることの出来る読者がいない以上、そのような配慮は無意味に終ることになろう」（傍点は引用者）と批判している。しかし山口氏が引用している拙著（『古事記成立考』）では、『古事記』研究の「現代の言語学者が可能なのだから」と書き、「いた」とは書いていない。「想像」しているのは山口氏である。また私が「古さの証拠と考える読者などいない」と書いていると書くが、私は序文に「和銅五年正月二十八日」とある日付は、序文の「古さを証拠づけるために意図して使い分けた」（七〇頁）と書いており、「読者」のことなどまったく書いていない。「読者」を配慮しているのは山口氏である。山口氏は自身が「想像」し「配慮」したことを大和説として批判している。

一九七五年刊の拙著『古事記成立考』も、二〇〇九年刊の『新版・古事記成立考』も、私が専門学者・研究者でなく、一出版経営者で、いわゆる「アマチュア」だから、国語・言語関係・日本古代史の、いわゆる「専門学者」から、私見はまったく無視されるか、安易な理解・誤読に立って私見を批判している。その一例が山口佳紀の文章である。同じような批判は大野晋からもあった。しかし大野晋は私が今から三八年前に刊行した『古事記成立考』を出版した時、贈呈すると、我が家や会社の社長室（当時、私は大和書房の社長であった）へ電話があり、批判や御教示をいただいた（私にとっては大野晋先生だが、本書では敬称を略した。大野先生とは江上波夫・大林太良先生と共に、韓国旅行に一緒に行ったり、先生がタミル語の研究のためインドへ留学して帰国直後、すぐに我が家に電話があり、長時間帰国報告を受けたり、私も大野宅へ訪問し話し合う仲であった。そのような長い間のつき合いだから、すべてとはいわないが私見の大筋、序文をとれば我が国最古の古典という私見は、わかっていただいた）。そのような関係であったが、拙著『新版・古事記成立考』（一五五頁〜一五六頁）で、私説批判の大野見解に対して、私は次のように書いている（前著の文章の再録だが、末尾の一部は加筆した）。

> 大野晋氏は拙論の文章を『日本語の世界（1）』で引用して、次のように反論する。「あなたは明治時代に、いくつ音を聞き分けていたか御存じか。江戸時代の発音の区別の数を御存知かといわれて、答えることのできる人があるだろうか」と書き、そんなことは不可能だと書く。そして、その例として、昔「を」と「お」に発音上の区別があったのだと現存の大学生に教えて、昔の音の法則に合致するように使い分けよと命じても、できないことは「明白である」から、奈良時代の音の区別を知らなかった「弘仁時代の人々が、『毛』と『母』とを書き分け得ないのは、ほぼ同断なのである」と書く。

この文章はまったく私の論旨を無視している。私は大野晋氏に直接言ったこともあるが、弘仁時代の人々が「毛」と「母」が書き分けられたなどと、どこにも書いたことはないし、言ったこともない。私は「モ」の二音の書き分けが「原古事記」にあったとする毛利正守氏の説を述べた上で（「古事記の音注について」「芸林」一八巻一・二号）、その二百余例が有坂秀世氏も驚かれるほど（『国語音韻史の研究』）、整然と一つの例外もなく書き分けられているのは、「原古事記」の書き分けに影響されて統一整理したためではないかと、推測したのである。

その理由として、『日本後紀』弘仁三年（八一二）六月戊子の条の次の記事を示した。

参議従四位下紀朝臣廣濱、陰陽頭正五位下阿部眞勝等十餘人、讀㆓日本紀㆒。散位従五位下多朝臣人長執講（傍点引用者）

そして『日本書紀』講読の執講者の多人長なら、原『古事記』の上代特殊仮名遣を整理統一できたろうと推測した。多人長は翌年、外記曹局で史書にかかわる役人・文章生ら六人に『日本書紀』の講義（主に訓み方の講義）をしており、その講義を記録した書が『弘仁私記』である。この『弘仁私記』を見ると、弘仁時代の人々が使っていない上代特殊仮名遣いを使い分けている。また『弘仁私記』序によれば、特に『日本書紀』の巻一・巻二を講義したが、「神代語多㆓古質㆒、授受之人動易訛謬」だから、特に古い正確な「倭音」を教えたと書いていることからも、多人長が原『古事記』に載っていた二百余例の上代特殊仮名遣を、「整然と一つの例外もなく書き分けた」と推測している。さらに私は、多人長の資質だけでなく、彼の属する多（太）氏が大歌所の大歌師で、古い音訓を伝承して家であることも理由の一つにしている。

このように書いたが、この私見については、いつもある電話での大野反論はなかった。

『記』の上代特殊仮名遣の私見批判と反論

『弘仁私記』に載る上代特殊仮名遣は、「コ」の甲類・乙類の区別で、「モ」の二音（「毛」と「母」）の区別ではない。しかし「コ」の二音の書き分けも、多人長が弘仁時代以前の「何らかの成書」を見て書いているのだが、私はその成書を原『古事記』と推測する。現存『古事記』は一九八例の「モ」の二音を一つも間違えずに整理・統一している。この事実は意図して、ふぞろいの「モ」の二音が載っていた原『古事記』を、整理・統一したことを示しているが、そのようなことが出来るのは、弘仁三年（八一二）と四年に『日本書紀』の訓み方を講義した多人長である。彼は今風に言えば、大野晋や山口佳紀のような国語・言語学者だったからである。

西條勉も上代特殊仮名遣についての私説を批判する。しかし大野晋・山口佳紀と違って私が述べている多人長の存在を無視せず、次のように私説を批判する。

> 大和岩雄氏は「上代特殊仮名遣、特にモの二音を研究した橋本信吉氏、有坂秀世氏、池上禎造氏、大野晋氏なら、万葉集や日本書紀より古い用法ができるであろう」と述べて、多人長をこれらの人々と同列視している。けれどもこれはほとんど信じがたい。橋本氏をはじめとする国語学の権威がモを書き分けられるのは確かであろうが、それは古事記の存在を前提にするからだ。もし古事記がなければモの二類は世に知られないことであるから、いかなる国語学者もそれを書き分けられない。人長が古訓に通じていたとしても、古事記を見なければモを区別するすべはなかったはずだ。[4]

西條勉は多人長を取り上げているが、私は前述した旧版『古事記成立考』で、「多人長のような古語にくわしい人物によって、原古事記にあった『毛』と『母』の表記を意図して整理したと解釈しなければ、理解できないのである」（傍点引用者）と、多人長と共に「原古事記」を明記しているのに、『原古事記』をまったく無視している。
私は旧著『古事記成立考』の八七頁〜八八頁で、次のように書いている。

　古い「モ」の二音の使い分けも、前にも書いたように原古事記にあった「モ」の用法を、現存『古事記』の編纂のさい、古さを示す例として残したのである。二百余例のうち一字の混用もなく整然と書き分けられている事実が、逆に新しさの証明である。

　毛利正守氏も、「たとへば一例の『モ』について考へてみるならば、『毛』の仮名の全用例一〇（歌謡以外）に音注が付されてゐないが、この仮名は古事記撰録以前の所謂原古事記の仮名のあらはれとみることが可能である。即ち『モ』の二種（甲類と乙類）の書き分けは最終的には安万侶によるわけであるが、記紀の成立年代も他の文献との関係からして、当時発音の上でその区別のなかったと考へられるとき、安万侶がそれらを書き分けてゐる理由は、すべて原古事記にあったためと考へられるからである。だから『毛』を含む仮名に立注を付してゐないのも、やはり原古事記において仮名書になってゐたためと云へる」（「古事記の音注について〈下〉」、「芸林」一八巻二号。傍点は引用者）と述べている。

（中略）

私も「モ」の二音は原古事記にあったと考えるが、序文の和銅五年を無視するので、安万侶にこだわらない。毛利氏も書くように、安万侶の頃はすでに「モ」の二音を明確に区別する習慣がなかったのに、原古事記にあったために安万侶が書き分けたとするなら、安万侶でなくても、新しい『古事記』を編纂する場合、古い音訓について深い関心と知識があるなら、原古事記を見て書き分けることは可能である。

さらに旧著『古事記成立考』の終りに、次のように書いた。

原古事記の最初の草稿は、女帝皇極・斉明朝の後宮で生れ、天武・持統朝の後宮によってまとめられたものとみる。その後宮の「古事記《ふることふみ》」（原『古事記』）に平安朝初期に序文をつけ、本文の表記・内容にいくらかの加筆・修正を行って完成したのが、現存『古事記』であろう。

このように『古事記成立考』で私は「原古事記」を前提にして書いて、現存『古事記』の成立を主張しているのに、私説を西條勉は誤読して、というより見落して、私説を批判しているのは、大野晋・山口佳紀と同じ批判である。このように大学教授で、専門の国語学者たちが、私説をよく読まずに批判するのは、私が素人のアマチュア、一出版社の社主に過ぎないと見ているからである。しかし学問に職業差別があるはずはない。

坂垣俊一・西宮一民の『古事記』の上代特殊仮名遣論

私が一九七九年に刊行した『古事記成立考』の文章を、ストレートに引用して示しているのは、この著書を絶版にしているからだが、前著『古事記成立考』を読んで、坂垣俊一は古事記学会の機関誌『古事記年報 二一』(一九七九年)に、「多氏と古事記」と題する論考を掲載し、次のように述べている。

大和岩雄氏は、古事記の〝モ〟の甲乙二類が「原古事記」によった書き分けであるとして、「このようなことのできる古い音訓を伝えていた家がオホ氏である。大歌所にかかわる以上、歌謡の訓みは厳密に伝承されたであろうし、神名の訓みは特に正確さを要求されたであろう(『古事記成立考』)と述べ、また「そうした正確な訓み、つまり古い訓みを伝承しているオホ氏だからこそ、弘仁年間の『日本書紀』の講師として、多朝臣人長が選ばれ、『弘仁私記』を記録することにもなったのである」（前掲書）と述べておられるが、安万侶にしろ誰にしろ古事記の成書化に多氏がかかわっているとするならば、人長に限らずその筆録者は上代特殊仮名遣を知識として知っていたにちがいなく、甲乙二類の区別も最早カーボン14の役割は果たせないのである。

さらにいうならば、多氏の者のたずさわったとおぼしき平安朝初期の音仮名文献として『琴歌譜』がある。今日伝わる写本は天元四年（九八一）に書写されたものであるが、その成立は平安朝初期とされている。これは、いわば用字に関する歴史意識をもたずに書いたものであるために、その書かれた当時の音韻状況をそのままとりこむことになったものであろう。琴歌譜にのる祭式的な歌謡は、実際の声の演奏による伝承が次第に文献に先行したものと考えられるが、とにかく〝コ〟のみは甲乙二類を正確に使いわけているのだから、それ以外の音節においても上代特殊仮名遣によって書き分けることは、多人長に限らず、当時の人々にとってはそれほど至難のわざではなかったと思われるのである。

さて弘仁年間に於ける書紀の訓注が、鎌倉時代後期書写の卜部兼夏筆神代紀に数例残っている。いささかの資料といったのはこのことであるが、その『弘仁記説』等と注記された訓注は、大野晋氏によれば、上代特殊仮名遣に合致しているという（日本古典文学大系『日本書紀』解説）。まさしく多氏が古い仮名遣を平安朝の初期にまで知識として受け継いできた証拠といえる(5)。

このように板垣俊一は書き、平安時代初期の上代特殊仮名遣の表記を九例示して検証し、「上代特殊仮名遣によって書き分けることとは、多人長に限らず、当時の人々にとってはそれほど至難のわざではなかった」と書いているが、板垣俊一が書く「当時の人々」とは、多人長と同時代の平安朝初期の人々である。このように上代特殊仮名遣をもって私見を批判できないことは、坂垣俊一論文からも証される。

私の上代特殊仮名遣についての見解は、当然、私説を厳しく批判する西宮一民も、大野晋と同じ国語・言語学者として第一人者の碩学だから、上代特殊仮名遣に関する私見についても、真先に批判・反論してもよいはずなのに、なぜか私の上代特殊仮名遣の見解については、まったく反論はない。理由は西宮一民は次のような見解だからである。「古事記の仮名モの意図」と題する西宮論文で、「モ」の二音の書き分けを検証して、次のように書く。

その昔、中央で発音し分けられてゐたモの音節は、人麿の歌の時代（六八九〜

七〇〇年）にすでに消滅してゐたといふことであった。従って、古事記（七一二年）にモの二種の書分けがあることは、安萬侶自身がモの二種の発音のし分けができたからなのではなく、安萬侶が、その昔の音韻と假名遣的に再現しようとする意図があったからだと理解すべきものであらう。

　昔はモの二音があったといふことを知ってゐて、假名遣的に書分けてみようといふ気持さへあれば、さほど困難なことではなかったのではないか。[6]

「昔はモの二音があった」ことを知っている後代の人なら、上代特殊仮名遣の書き分けは、「さほど困難なことではなかった」と主張する西宮見解は、坂垣見解と基本的には共通している。以上述べた上代特殊仮名遣についての諸見解から見ても、この仮名遣をもって私見を否定することにはならないのである。

上田正昭の『記』序文偽作説批判について

　現存『古事記』の検証には、国語・文学的視点と、歴史学視点での検証が必要だが、前述したように私も四十年ほど前から会員である古事記学会は、参加者の多くは国語・国文学関係の研究者で、歴史関係の研究者はすくない。この事実からも『記』

『紀』といわれて論じられている両書のうち、『記』を史書の視点のみで論ずべきではない。『紀』は史書だが『記』に載る多くの歌謡や神代紀の神話は、古代文学としての研究対象であり、言語学視点からも検証すべき古典である。上田正昭の論考は日本古代史の碩学としての見解だから、史学者としての見解を『古事記は偽書か』で次のように述べている（一七頁）。

「飛鳥の清原の大宮に大八州御《しら》しめしし天皇の御世にいたりて（天武天皇の御世におよんで）」以下「併詠して都邑に停まりたまひき」まで実に一一七字も六七二年の壬申の乱について詳述しているのか、その理由を問わなければなるまい。

この点については、『日本書紀』（巻第二八）の壬申の乱の記事を参考にして書いたとする「序」偽書説の理由とする見解がある。だがその説も支持するわけにはいかない。久安五年（一一四九）の『多神宮注進状』によれば、太安万侶の父は多（太）品治であり、多品治は美濃国安八郡（岐阜県安八郡）の大海人皇子の領有地の管理者であって、壬申の乱の功臣のひとりであった。壬申の乱の情報は安万侶は父を介してかなり知っていたに違いない。「序」に大海人皇子が「絳旗（紅旗）を輝かして」とのべるが、このような記事は壬申の乱にかんする『日本書紀』の記載にはまったくみえない。

　このように上田正昭は述べて、序文に壬申の乱のことがくわしく書かれているのは、壬申の乱で活躍した多品治が安万侶の父で、父から壬申の乱のことを聞いていたから、安万侶が序文を書いたことを示していると書く。そしてその実証として『日本書紀』に記載のない「絳旗を輝かして」と序文に記されていることをあげる。しかし『日本書紀』（壬申紀）には大海人皇子の軍は「赤色を以《もっ》て衣の上に着く」とあり、柿本人麻呂は壬申の乱における高市皇子の戦功を讃めて、挽歌（『万葉集』巻二・一九九）で、旗は野火のように風になびいたと詠んでいる。序文は

　杖矛挙レ威　猛士烟起（杖矛威《じょうぼういきほひ》を挙げて、猛士烟のごとく起り）

　絳旗耀レ兵　凶徒瓦解（絳旗《こうき》兵を輝かして、凶徒瓦のごとく解《と》けき）

と対句で書いているが、この文章は『文選』（東京賦）の、

　高祖、膺レ籙受レ図、順レ天行レ誅、杖二朱旗一而建二大号一

を採った文章という説が通説である。この註には、「漢書高祖立為二沛公一。旗幟皆赤、故曰レ朱也」とある。私は「火徳の漢帝国と天武天皇」で天武天皇は漢の高祖に自からを重ねていることを述べたが、『記』の序文筆者は一般的天武天皇観・壬申の乱観

で、大海人皇子軍の旗を「絳旗」と書いたのであり、このことをもって太安万侶が『記』の序文を書いた実証になるとは思わない。

上田正昭は「『古事記』の本文を平安時代の偽作とする説もあるが、母音に用いる万葉仮名の使い分け（上代仮名遣い甲類・乙類）は、奈良時代前期まで行なわれていたことが実証されており、『古事記』の本文にその例外はない」と書いている。私は現存『古事記』が平安時代に書き下された偽書などとは、『古事記成立考』でも『新版・古事記成立考』でも、どこにも書いていないから、上田見解は私説批判とは思わない（私の見解は天武・持統朝の内廷で成立した『古事記』に序文が新しく加えられ、表記などを平安時代初期の人々に読み易いように、原『古事記』を改めて世に出したという推論で、序文をとれば日本最古の古典という主張である）。しかし序文・本文を太安万侶が書いたという上田見解には賛同できないので、さらにそのことについて書く。

太安万侶は『古事記』編纂の「文人学者」ではない

『続日本紀』に太安麻呂については、次の五例が載る。

慶雲元年春正月癸巳　正六位下太朝臣安麻呂　従五位下

和銅四年夏四月壬午　正五位下太朝臣安麻呂　正五位上
霊亀元年正月癸巳　正五位上太朝臣安麻呂　従四位下
霊亀二年九月乙未　以㆓従四位下太朝臣安麻呂㆒為㆓氏長㆒
養老七年秋七月庚午　民部卿従四位下太朝臣安麻呂卒

この記述について西宮一民は「太朝臣安萬侶だけが、位階は昇進しても、官職は一向に授からない。これは安萬侶だけに見られる顕著な特色である」と書き、この記述からみて太安万侶は「宮廷専属の文人学者として特別に処遇されていた」から、「位階は昇進しても、官職は一向に授からない」と書く[7]。しかし安萬侶だけに見られる顕著な特色」ではない。そのことを『続日本紀』の太安万侶以外の人物の例で示す。

例えば県犬養筑紫は『続日本紀』によれば、従六位下から従五位下、従五位上、正五位下、正五位上と、位階昇進の授位の記事のみで、神亀元年四月十八日に「造宮卿従四位下」で亡くなったと記す記事で終っており、安万侶とまったく同じ記事である。また粟田人上についても、従六位下から従五位下、従五位上、正五位下、正五位上と、授位の記事のみで太安万侶と同じで任官記事はない。

藤原巨勢麻呂は従五位下になって中宮亮に任官後、従五位上、正五位下、正五位上、従四位下、従四位上と、五例すべて授位の記事である。任官記事がないが、だからといって巨勢麻呂も「文人学者」だったとはいえない。巨勢麻呂は五例の授位記事の「播磨守」に任官の記事が載るが、次に正四位下、従三位と授位記事が続き、天平宝字六年十一月十六日条には「参議従三位武部卿」とある。「武部卿」は武部省の長官だが、武部省は天平宝字二年八月に兵部省を藤原仲麻呂（恵美押勝）が改めた省である。巨勢麻呂は藤原不比等の長男の武智麻呂の四男で、兄の恵美押勝の乱に兄と共謀した罪で、天平宝字八年九月十八日に斬られている。彼も県犬養筑紫や粟田人上と同じに授位記事のみが続くが（安万侶の三回に対して五回）、武部省の長官になっているように「文人学者」ではない。

太安万侶がなった民部卿は式部卿と共にもっとも重要な職だが、特に太安万侶が就任した霊亀七年（七一五）は、郷里制が執行された重要な年であった。郷里制が執行された理由について岸俊男は、「古代村落と郷里制」で、五十戸一里の従来の里制が人口の増加と耕地面積の拡大の結果、律令体制下の地方行政の機能を十分にあげることが困難になってきたので、従来の里の下にさらに一個の行政単位を設け、地方行政の統制を強化しようとした、と書く(8)。この行政は民部省担当である。その大役実行のため郷里制実施・実行の大役を荷なわされて抜擢されたのが太安万侶である。

野村忠夫は「奈良時代の政治過程」と題する論考で、「霊亀―養老年間の前半は、右大臣不比等の主導のもとに、律令制支配の貫徹が強化された時期であった」と書く(9)。霊亀―養老年間は太安万侶の民部卿在任期間だが、藤原不比等が太安万侶を抜擢したのだろう。野村忠夫は「地方行政官の責任感の要求と、その監察の強化」が、霊亀年間の特色と書くが(9)、このような地方行政の監察強化は民部省の仕事であり、太安万侶が民部卿に任命されたときから、具体的にはじまっていることが注目される。特に「中央が直接に農民を観察して、国史の治政を判断しようとする」ためには、民部卿に実力のある能吏が就任していなければならない。そのことが「不比等の主導のもとに、律令制支配の貫徹の強化」の具体化である。太安万侶はその役職を実行できる人物だったのである。

井上辰雄は「大倭国正税帳をめぐる諸問題」と題する論考で、「大倭国正税帳」を調べて、霊亀元年（七一五）から養老七年（七二三）までは欠穀穎稲が多量に出ているが、養老七年の翌年の神亀元年以降から欠穀穎稲の記載がないことに注目し、その理由として霊亀元年から養老七年の九年間は検穀をおこなったからと書く(10)。検穀の命令は民部省が出す。井上辰雄は書いていないが、多量な欠穀穎稲が出た霊亀元年から養老七年は太安万侶が民部卿に就任し、民部卿在任中に亡くなった九年間に限られているから、彼が就任して実行した検穀は、安万侶の死亡と共に行われなくなっているのである。

安万侶の亡くなった後に就任したのは従三位多治比県守だが、天平三年八月参議に転出すると正三位藤原房前が民部卿になっている。従四位下の安万侶の後を継いだのが、従三位・正三位の高位の人物なのは、安万侶の後に彼の行った民部卿の仕事を受け継ぐには、有力貴族の中でも特に実力者の有能官僚で、高位の人物でなければならなかった。西宮一民の書く「民部卿ごとき」というような役ではないのである。

西宮一民はなんとしても太安万侶を『古事記』の編纂者に仕立てたいので、「文人学者」と書くが、『続日本紀』に載る民（仁）部卿十四人のうち、半数近くが藤原氏の中から特に能力のある人物が選ばれており、他の民部卿も有力貴族の中から選任されている。その慣例（『続日本紀』は文武天皇元年〈六九七〉から延暦十年〈七九一〉までの記録）は百年近く続いているが、その中でただ一回慣例を破ったのが、太安万侶の民部卿登用である。当時、慣例を破って民部卿に有力貴族でないオホ氏の人物を登用できた実力者は、右大臣藤原不比等以外にはいない。太安万侶は不比等にその行政的才能を高く評価されて民部卿になった人物で、西宮一民の主張する「宮廷専属の文人学者」にすぎない人物ではない。このような人物が序文に元明天皇の勅命で『古事記』を編纂して献上したと書いているのに、そのことが正史にまったく載らず無視されているのはなぜか。理由は単純で『古事記』の序文を書いていないからである。

『弘仁私記』序の『古事記』の記事をめぐって

上田正昭は太安万侶は「『日本書紀』の編纂にも加わっており（『弘仁私記』）」と書く（二三頁）。私は『新版・古事記成立考』の「第十五章、『弘仁私記』序と『姓氏録』と『古事記』」と題する章で、二七頁にわたって『弘仁私記』序について論じた（上田正昭が太安万侶が『日本書紀』の編纂にかかわったと書く『弘仁私記』は、正確には『弘仁私記』の「序」である）。そして『弘仁私記』序の筆者は多人長と見られているが島田清田であることも詳論した。詳細は拙著『新版・古事記成立考』の第十四章を読んでほしい。本書では『弘仁私記』についての、主要の問題点のみを前著（『新版・古事記成立考』）の文章を引用して書く。理由は現存『古事記』の存在を初めて世に知らしめたのが、『弘仁私記』序だからである。

梅沢伊勢三[11]は「平安時代における古事記」と題して、『古事記』引用文献を次のように示す。
一、弘仁私記　多人長　弘仁年間（八一〇〜八二三）
二、新撰亀相記　卜部遠継　天長七年（八三〇）
三、承平私記　矢田部公望　承平六年（九三六）
四、琴歌譜　不詳　天元四年以前（不詳〜九八一）
五、本朝月令　惟宗公方　天慶〜安和（九三八〜九八九）
六、政事要略　惟宗允亮　寛弘五年頃（一〇〇八頃）
七、長寛勘文　清原頼業等　長寛一・二年（一一六三・六四）
現在『古事記』について、序文が書くように和銅四年（七一二）に成立したのなら、なぜ百年間、正史の『続日本紀』は勿論他の文献に載らないのか。最初に載るのは『弘仁私記』だが、正確に言えば本文でなく序文に載る。『弘仁私記』は多人長が弘仁三年・四年（八一二・三）に行なった『日本書紀』の講義の記録である（講義は主に神代紀）。

鎌倉時代の『本朝書籍目録』は『日本書紀』の講義の記録として、次の八冊を示す。

養老五年私記　一巻
弘仁四年私記　三巻　多朝臣人長撰
承和六年私記　　　　菅野朝臣高平撰
元慶二年私記　一巻　善淵朝臣愛成撰
延喜四年私記　　　　藤原朝臣春海撰
承平六年私記　　　　矢田部宿禰公望撰
康保二年私記　　　　橘朝臣仲遠撰
日本紀私記　　三巻

この「私記」のうち弘仁と承和の講義は『日本後紀』。元慶は『三代実録』。延喜・承平・康保の講義は『日本紀略』に載り、実際におこなわれた講義の記録であることは確かである。『日本書紀』撰上の翌年の養老五年の講義は、『続日本紀』の養老五年の記述には見当らないから、事実あったか疑問である。しかし大野晋は『日本書紀』の古写本には、ヲコト点や、片仮名あるいは万葉仮名による訓読を示すものが少なくないが、その間にあって、訓注に『養老』または『養老説』と付記するものが点々と存在する。また『釈日本紀』の中にも『養老説』なるものがある」と書き、「養老」「養老説」とある十二例を示し、「すべて奈良時代の古語」であると書いている。そして大野晋は、鎌倉時代後期の卜部兼夏の「弘仁」の文字を付した訓注を、『弘仁私記』を見ての訓注と書き、これらの訓注に上代特殊仮名遣が正しく用いられているので、『弘仁私記』は単に弘仁時代に至ってはじめて行った訓釈だけを筆記した著作でなく、奈良時代に文字化されていた訓注を包摂したものと解釈される」と書き、多人長の『弘仁私記』に上代特殊仮名遣が正しく用いられていると書く[12]。私は多人長は弘仁三年・四年の『日本書紀』の講義のため、オホ氏の家にあった原『古事記』を参考に用いたのがきっかけで、祖父または曽祖父の太安万侶の序文をつけた現存『古事記』を世に出したと推測している。したがって『弘仁私記』序に初めて次のように記される。

夫日本書紀者、一品舎人親王・従四位下勲五等太朝臣安麻呂、奉勅所撰也。先是淨御原天皇御宇之日、有舎人稗田阿禮年廿八。爲人謹格聞耳聴慧、天皇勅阿禮。使習帝王本記及先代舊事、未令撰録。世運遷代。豊國成姫天皇臨軒之季、詔正五位上安麻呂俾撰阿禮所誦之言。和銅五年正月廿八日、初上彼書。

清足姫天皇負扆之時、親王及安麻呂等更撰、此日本書紀三十巻幷帝王系圖一巻。
養老四年五月廿一日。

この文章は『日本書紀』の講義の記録なのに、なぜか『日本書紀』以前に太安万侶に依って勅撰書の『古事記』が編纂されたと、『古事記』を宣伝し、さらに太安万侶が『日本書紀』も編纂したと書く。上田正昭が太安万侶が「『日本書紀』の編纂にも加わっており」と「『古事記』は偽書か」で書くのは、この記事によるが、この記事は多人長が書いたのではなく弟子の島田清田が書いた記事で、信用できないことは、拙著『新版・古事記成立考』の第十五章「『弘仁私記』序と『姓氏録』と『古事記』」で、二七頁にわたって（五三七頁〜五六四頁）詳述した。

中沢見明も『弘仁私記』の「序の中にはその講書日本書紀より古事記のことを比較的詳しくのべている」ことから、「弘仁私記の序なるものは古事記と古事記の編者を推奨するために作られた」と書いており[13]、鳥越憲三郎も「『日本書紀』の訓話について書いた『弘仁私記』に何の必要があって『古事記』作成の経緯をのべたのか、まことに不可解なことである。あえて『古事記』にまで言及したのには、何かの意図があったのかもしれない」と書いている[14]。上田見解のように『弘仁私記』序の記事をもって、『記』『紀』の二書の編纂に、太安万侶が関与していたと断定はできない。

古事記学者神田秀夫の『古事記』序文偽書説

拙著『新版・古事記成立考』で十三人の昭和以後の『古事記』序文偽作論者の論考を紹介したが、その一人の神田秀夫は、朝日新聞社刊の日本古典全書の『古事記』の校注者であり、著名な『古事記』学者で、古事記学会の幹事であった。神田秀夫は一九六四年に発表した「動揺する古事記の成立――序文の解釈をめぐって――」で、本文の内容は序文の記述といちじるしく乖離していると書き、「序の上表は本文と似ても似つかない。序の上表は古事記の成立を公的な朝廷の事業の如くによそほひ、美辞麗句を飾り立て、官僚臭紛々たるものがある。こういう精神で、はたして古事記の神話・伝説・歌謡が、あのやうに織り上げられるか」と書く。そして「序文は平安朝初期に書かれたものであらうと、本文は天平暦までは下らない白鳳暦の作品であるといふことは動かない所である」から、序文を切捨てて本文だけを問題にすればよいと書き、「序文切捨ての決意」を述べている。[15]（傍点、引用者）

さらに前述の論考を発表した十四年後の一九七八年発表の論考でも[16]、七つの序文についての疑問を述べている。その疑問のうち主な疑問を紹介する。

一、「先ず、最も素朴に云えることは、序文と本文とでは、文体がちがいすぎるということである。序文は唐様、本文は倭様、文は人なりといって、文体を作者の精神の象徴と、重く視る私などの眼には、あの序文と本文とを同一の精神の表現として考えることは不可能なのである」と書き、（傍点は引用者、以下同じ）唐様の序文と倭様の本文を太安万侶が両方書いたとするなら、当時、安万侶がその様な和漢両方を使い分けた文章を書いた例が他にあればよいが、そのような「安万侶自身の筆に成ると信ずべき根拠がない」ことをあげる。

二、「一体、八世紀及びそれ以前に成立した本で、序文があるのは、古事記を除けば、懐風藻だけである。が、その懐風藻の撰録者は、文中に「余」と自称しているだけで、署名など残していない。……当時は、自分がしたことを、私がしましたと、手柄顔に署名する者はいなかった」と書く。その例として『日本書紀』・『日本後紀』・『風土記』・『凌雲集』序・『文華秀麗集』序・『経国集』序など、序のあるもの、ないものなどの文献を詳細に検証し、『古事記』の序が異例であることを論証し、「太ノ安万侶が、ほかに漢文でも漢詩でも万葉歌でも遺している人間なら、そんな余計な想像をする必要はないが、ほかには何一つ書いたものを遺していないのだから、古事記の序文だけを文字どおり受けとるということは警戒を要する」と書いている。

三、さらに「古事記の序文と本文とは文体がちがいすぎるといったが、記事内容もすこぶるちがう」と書き、実例を示し、「かように、本文と序文とは、そもそも古代に対する関心の持ち方がちがい、何を焦点として印象づけ、そのためにどうしぼるかという看取り枠の立て方がちがう。つまり、作者の感動の質もちがえば、表現の仕方もちがう。だから両者は、実は話がかみ合っていない。本文の歯車と序文のそれは、めいめい、てんでに廻っているのである。これをしも本文にふさわしい序文というならば、木に竹を接ぐということばは辞書からなくなるであろう」と書いている。

四、「氏と姓とを一緒くたにしてはならないことは古代史の常識である。ところが、記序は、允恭天皇の治績にふれて、「正姓撰氏」と書いているのに、序では『姓稗田名阿礼』と稗田ノ阿礼を紹介する。つまり姓《かばね》と氏《うじ》との混同を自分で起している」と書き、「姓」と「氏」の文献例を多数示して、「混同が起って来るのは日本書紀の成立から」だから、古事記の序文の混同から、「はたして養老以前の、和銅の当時の文字づかいであろうか」と書き、序文は和銅五年以降の後代に書かれたのではないか、と疑っている。
五、太安万侶が「勲五等」と、「武功による勲位」に注目し、武功の記述が『続日本紀』に載らないことを、問題にしている。
六、『日本書紀』『続日本紀』『日本後紀』『続日本後紀』『文徳実録』などの勅撰書は正史に記載されているのに、勅撰書である『古事記』はまったく正史に記載されていないことにも注目している。
七、この論文のタイトルは「太ノ安万侶の『勲五等』について」である。したがって武人の受ける勲位を安万侶が受けているので、武人ではなかったか、と神田秀夫は結論する。
　この神田秀夫の指摘は、無視できない。

序文を無視すれば『古事記』は最古の古典

『古事記』の撰録開始の日も、撰録が終って撰上した日も、まったく載らない『続日本紀』には、なぜか和銅七年に紀清人と三宅藤麻呂に国史撰録の勅命が下ったことだけは載せる。更に霊亀元年（七一五）七月十日条に、「従五位下紀朝臣浄人数人に穀百石を賜ふ。学士を優《めぐ》まむなり」とある。西宮一民は太安万侶を「宮廷専属の文人学者」と書くから、[6] 西宮説を採れば、安万侶も「学士」として「優《めぐ》ま」れ、「穀百石」を賜ってもよいではないか。安万侶も「優ま」れ、「穀百石」を賜ったが、この記事も欠落したというのであろうか。

上田正昭は「紀伝体・編年体の形をとっておらず、『古事記』を正史とみなすことができずに記載しなかった可能性は十分にありうる」と書く。しかしそれは『古事記』という史書のことで、紀清人らの例から見ても、人物は別である。紀清人らは、史書名は載らないが人物名は載っているのだから、序文によれば元明天皇の勅命で撰録した太安万侶という人物の名も、載っていてもよいではないか。

紀清人は撰録の時に従六位上、太安万侶は正五位上で六階級も安万侶は上位である。もし安万侶が『古事記』を撰録したとすれば、なぜ上位の太安万侶の記事はまったく欠落し、下位の紀清人らの記事のみを繰返し載せるのか。紀清人は養老元年（七一七）七月二十三日条に、「学士」として「穀一百斛」を賜っており、養老五年正月二十八日にも物を賜っており、天平十三年七月三日条には従五位上で「文章博士」になり、天平勝宝五年（七五三）七月一日に安万侶と同じ従四位下で亡くなっている。安万侶と違って「学士」一筋の人物だが、安万侶も序文が書くような人物なら、『古事記』という書が『続日本紀』に記されていなくても、序文によれば元明天皇の勅命で編纂され、元明天皇に和銅五年正月二十八日に献上されているのだから、上田正昭が書く史書として『古事記』が不完全だったから、『続日本紀』という正史に『古事記』が載らなかったとしても、西宮一民が書くように太安万侶を「文人学者」として上田見解でも認めているのだから、『続日本紀』に太安万侶の名は記載されてもよいはずである。それなのに載っていないのは、このような事実が安万侶にはなかったからであろう。さらに言えば、誦習者の稗田阿礼という人物も、『続日本紀』にも他の史料にまったく登場しないのも問題である。

　序文に記されている太安万侶・稗田阿礼も問題だが、『記』の神代紀の神名表記にも問題がある。『新版・古事記成立考』で私が『記』『紀』の上巻の神名表記を示した表を次頁に載せるが、なぜか「大御神」表記は『記』だけに記されている。

『古事記』の「大御神」の二九例は「天照大御神」で、他に「大御神」のみの例が二例、「伊邪那岐大御神」の二例を加えると三十三例になるが、すべて上巻（神代紀）で、中巻は「天照神」が二例載るが、他はすべて「天照大神」である。この事実からも上

神名	書名	命・尊	神	大神	大御神
アマテラス	記				二九
	紀			一八	
イザナギ	記	一三	一	二	二
	紀	三二	一		
イザナミ	記	一一	五		
	紀	一五			

巻の原『古事記』の「天照大神」を、多人長が「天照大御神」したと推測できる。というのは『弘仁私記』序によれば、多人長がおこなった『日本書紀』の講義は主に『紀』の神代紀だからである。

そのことは神野志隆光の『古事記の達成』所収の「分注」に関する論考[17]や、西宮一民の『古事記の研究』の分注論からいえる[18]。両氏は音注・訓注・声注が上巻に圧倒的に集中していることに注目しているが（中巻の二倍、下巻の十倍）、理由は明らかにしていない。私は『新版・古事記成立考』(五六〇頁〜五六一頁)で、上巻に集中している音注・訓注・声注は、当時の国語・言語学者で、弘仁三年・四年(八一二・八一三)に『日本書紀』の神代紀の読み方を講義した時、参考にした諸文献のうち、オホ氏の家にあった原『古事記』の存在を知った多人長が、この書の上巻の表記を当時の人に読み易く改め、上巻に特に注記(音・訓・声の注)をつけ、さらに序文に、オホ氏でもっとも活躍した多人長の祖父か曾祖父と見られる太安万侶を登場させ、『古事記』を勅撰書に仕立てて世に出したのであろう、と書いた。そのような成立だから、序文は偽作だが、『古事記』は日本最古の古典と、私は主張しているのである。

原『古事記』の存在を主張する諸説と現存『古事記』

折口信夫は「稗田阿礼——古事記の成立(三)——」で、『古事記』には「台本」があったという。[19] 西郷信綱も『古事記注釈・第一巻』で「台本」があったと書き、序文の「本《もと》の随《まにま》に改めず」の「本《もと》」を「台本」のことと推論する。[20] 川副武胤は『古事記の成立についての試論』で、「『古事記』の序文と本文の用語が、一致しない」と書き、本文が「厳密に使い分けている用語」の「天皇」「宮」を、序文は「皇帝」「大宮」と書き、本文の祖注の「意富臣」を序文は「太朝臣」と書いていることなどをあげて、「この相違は序文の作者と古事記の撰定者とが異ることを示すものではないか」と書いている。（傍点は引用者）そして天武十三年（六八四）の八姓制定の直前に原『古事記』は成立したとみて、「安万侶が原古事記の作者でなかったといふことである」と結論する。(21)

毛利正守は「古事記の音注について（下）」で、『古事記』序文の「本《もと》の随《まま》に改めず」の「本《もと》」について、「『本』を『原古事記』と称し、その原古事記によって『現古事記』が出来上ったといふ立場で論を進める」と書く。そして『古事記』が最初から安万侶の手になったものとすれば、序文の「本の随に改めず」という記述は書かれなかったはずだと書き、太安万侶がおこなったのは主に音注などをつけることだったと書き、序文が書く「本《もと》の随《まま》」の「本《もと》」を『原古事記』と想定する。(22) 毛利正守と同じ国語・言語学者の小林芳規も毛利説を認めて、原『古事記』の訓漢字の体系の枠からはみ出したものに、太安万侶が訓注をつけたと書いている。(2) しかし太安万侶は藤原不比等に評価され、民部卿に抜擢された有力官僚であっても、国語・言語学者の毛利・小林らが書くような同学の学者ではない。そのような学者は多人長である。そのことは

『古事記』に関与したとは書かないが、大野晋も認めている。

西田長男は現存『古事記』の最終成立を平安時代初期と書くが、「古事記の主たる部分は、奈良朝以前に遡る往古の記文より成っている」と書き、「往古の記文」を「前古事記」と書く。[23] この「前古事記」を私は「原古事記」と書くが、現存『古事記』の最終成立の私見は西田長男と同じである。但し西田説は、太安万侶が和銅五年に撰上した『古事記』に、それ以降にいくつかの書き加えがなされて、最終成立したのが平安時代初期とする見解である。しかし西田長男が認める勅撰書に、百年も後からいくつかの書き加えが出来るであろうか。

私見は『日本後記』が記す弘仁三年（八一二）六月に高級官僚に『日本書紀』を公式に初めて講義した多人長（講義は主に神代紀の読み方）が序文筆者で、本文の表記を同時代の人が読めるように改めた人物とみる。『弘仁私記』序によれば、多人長は高級官僚に講義した翌年（弘仁四年）に史書編纂にかかわる外記の役人や、若い文章生の八名に、『日本書紀』の訓み方の講義をしている（講義を行なったのは主に神代紀）。この講義の記録が『弘仁私記』だが、序文では講義をした『日本書紀』より『古事記』のことを書く。現存『古事記』が初めて世に知らされたのは『弘仁私記』序であることからも、現存『古事記』と多人長の関係は無視できない。

終りにもう一度「ワニ」表記を整理して一覧表で示す。

書　名	成立年	表　記
古事記	七一二年	和邇・丸邇・和爾
日本書紀	七二〇年	和珥
続日本紀	七九七年	丸《ワニ》
万葉集	七八〇年～八〇九年	邇（一〇例）・爾（三五六九例）
新撰姓氏録	八一四年	和邇・和爾・和珥・丸
日本後紀	八四〇年	和邇・丸
続日本後紀	八六九年	和邇・丸
文徳実録	八七九年	和邇・丸

もっとも古い表記は『日本書紀』の「和珥」で、「ニ」表記は「珥」である。この

「ニ」表記が「爾」になるから、『万葉集』には「爾」表記が三五六九例もある。しかし「邇」表記も一〇例あるのは「爾」から「邇」に表記が新しく変ったからである。そのことは『新撰姓氏録』には『日本書紀』『続日本紀』『万葉集』の表記がすべて見られるが、『日本後紀』以降は「和邇」「丸」表記になっていることからいえる。ところが『古事記』の「ワニ」表記は、序文の書く和銅五年より百年後の『新撰姓氏録』と合っている。これはどういうことか。『古事記』の「ワニ」の「ニ」表記は「邇」と「爾」だが、この二つの「ニ」の『古事記』の用例を示す。

字	総数	歌謡表記	本文表記
爾	一一〇	一〇三（上巻 一四、中巻 二四、下巻 六五）	七（上巻 六、中巻 一、下巻 〇）
邇	一七一	九四（上巻 二二、中巻 四九、下巻 二三）	七七（上巻 五一、中巻 一八、下巻 八）

「爾」と「邇」の用例が本文表記より歌謡表記に多いのは、一字一音表記は主に歌謡表記がおこなっているからである。歌謡表記は「爾」と「邇」と字数はほぼ同じだが、本文表記では「爾」より「邇」表記が圧倒的に多く、しかも本文の上巻（神代紀）に多い事実は、何を意味するのか。多人長が原『古事記』の表記を改めたのが、主に神代紀だったからであろう。

「古事記は偽書か」には書かれていないが、『上田正昭著作集（1・古代国家論）』は、序文の「姓に於きて日下《にちげ》を玖沙訶《くさか》と謂ひ、名に於きて帯《たい》の字を多羅斯《たらし》と謂ふ。かくの如き類は、本《もと》のままに改めず」と書かれていることをもって、和銅四年（七二一）に誦習が行なわれた実証と書いている（四四二頁〜四四三頁）。しかし本章の冒頭で述べたが、多人長は平安時代初頭の人たちが読める表記に原『古事記』の表記を改めているから、「日下《くさか》」・「帯《たらし》」も「玖沙訶」・「多羅斯」という表記に改めたかった。しかし改めなかったのは、原『古事記』にあった「和珥《わに》」表記を「和邇《わに》」に改めるのと、原『古事記』にあった「日下《くさか》」・「帯《たらし》」を、「玖沙訶《くさか》」・「多羅斯《たらし》」に改めるのとは意味が違っていたから、「本《もと》（私のいう原『古事記』）」のままにして「改めず」だったのである。

奈良朝古典と古事記の仮名数との比較表

古典名	成立年代	仮名数	記との比較			
			共通		相異	
			仮名数	%	仮名数	%
古事記		130				
日本書紀	720	447	95	21.3	352	78.7
万葉巻五	728-733	217	99	45.6	118	54.4
万葉巻十五	736-741？	158	77	48.7	81	51.3
万葉巻十七	746-748	160	87	54.4	73	45.6
万葉巻十八	748-750	141	72	51.1	69	48.9
万葉巻廿 I 家持	753-759	135	79	58.5	56	41.5
万葉巻廿 II 防人	755	152	90	59.2	62	40.8
仏足石歌	760年代？	83	60	72.3	23	27.7
歌経標式	772	89	56	62.9	33	37.1
琴歌譜	平安初期	107	67	62.6	40	37.4

「ワニ」表記や歌謡表記について、私が作製した『記』『紀』『万葉集』などの表記の相違を本章の冒頭で示したが、終りに熊本大学教授であった松本雅明が、すでに一九五二年に「記紀における異伝歌謡——古事記の成立年代についての疑問」（「熊本史学」四号に掲載）で示している表を示す。

この表は拙著『新版・古事記成立考』に掲載したが、今から六十年ほど前、熊本の史学者たちが刊行していた同人誌「熊本史学」に発表した論考だから知られていないが、この比較表をわかり易く私が整理して右の表を作製した。なお、松本雅明は特仮名も前述の書から検出して、全仮名数に対する特殊仮名数の百分比の相違を示している。その表によれば、特殊仮名のもっとも多いのは『日本書紀』である。その『紀』より序文によれば前に成立している『古事記』が、五・六十年も後の奈良時代後期の文献に次のように合う。

特殊仮名表

古典名	百分比
日本書紀	61.5
万葉巻五	24.4
万葉巻十五	23.4
万葉巻十七	20.0
万葉巻十八	18.4
万葉巻廿Ⅰ	15.6
万葉巻廿Ⅱ	12.5
古事記	**10.8**
歌経標式	6.7
琴歌譜	3.7
仏足石歌	3.6

この事実から松本雅明は現存『古事記』について、奈良時代後期成立説をすでに六十年ほど前に主張している（松本雅明の二つの表は拙著『新版・古事記成立考』で示した）。松本見解は私の序文偽書説と違って本文偽書説だが、私以外に『記』の文字表記の新しさを示している例を紹介する（松本見解以外にこのような例を示す論者の説も拙著『新

版・古事記成立考』で述べた）。

以上、上田正昭の日本古代史の視点からの、偽書説批判に対して、上田見解ではまったくふれてない、主に国文学・上代文学視点と言語学視点からの『古事記』に関する私見を述べたが、私は序文を取れば日本最古の古典という見解であり、上田正昭が批判する平安時代初期に『古事記』は書き下されたと主張する「古事記偽書論者」ではない。

〔追記〕

上田正昭『私の日本古代史（下）』所収の「『古事記』は偽書か」は四二頁をとった論考で、日本古代史の視点からの見解である。上田見解には私説批判はまったくないが、私見の『古事記』序文偽書説は、日本古代史の視点だけでなく、言語学・国語学・国文学的視点で、拙著『新版・古事記成立考』で論じているので、その視点から上田見解についての私見を述べた。私説については学会も無視していない。古事記学会は機関誌『古事記年報』に三回も私の論考を掲載しており、上代文学会はすでに一九八一年（昭和五十六年）にシンポジウム「古事記を考える」の講師として、西宮一民・菅野雅雄と私を選んでいる。また機関誌「上代文学」に拙稿も掲載している。

［注］

第一章

（1）青木和夫「浄御原令と古代官僚制」「古代学」三巻一号　一九七五年　笠間書房
（2）橋本達雄「柿本人麻呂の地盤」『万葉宮廷歌人の研究』所収　一九七五年　塙書房
（3）伊藤博「歌人と宮廷」『万葉集の歌人と作品（上）』所収　一九七五年　塙書房
（4）倉塚曄子「斎宮論」『巫女の文化』所収　一九七九年　平凡社
（5）森博達『日本書紀の謎を解く――述作者は誰か――』一七九頁～一八〇頁　一九九九年　中央公論新社
（6）森博達　注5前掲書所収　一七九頁～一八〇頁
（7）黛弘道「『日本書紀』と藤原不比等」『律令国家成立史の研究』所収　一九八二年　吉川弘文館
（8）直木孝次郎『持統天皇』二五〇頁　一九六〇年　吉川弘文館
（9）梅原猛『黄泉の王』一三六頁～一三七頁　一九七三年　新潮社
（10）上山春平『埋もれた巨像』二二一頁　一九七七年　岩波書店
（11）直木孝次郎　注8前掲書所収　一八四頁
（12）北山茂夫「持統天皇論」『日本古代政治史の研究』所収　一九五九年　岩波書店
（13）上田正昭『藤原不比等』一九頁　一九七六年　朝日新聞社
（14）上田正昭　注13前掲書所収　九八頁
（15）伊藤博『萬葉集釋注　一』一五一頁～一五二頁　一九九五年　集英社

（16）伊藤博　注15前掲書所収　一五〇頁
（17）神野志隆光「日雙斯皇子命をめぐって」『論集上代文学　第十一冊』所収　一九八一年　笠間書院
（18）山本健吉『柿本人麻呂』一六五頁　一九六二年　新潮社
（19）上野理「安騎野遊猟歌」『古代の文学・2　柿本人麻呂』所収　一九七六年　早稲田大学出版部。阪下圭八「柿本人麻呂――阿騎野の歌について――」「日本文学」二六巻四号。桜井満「人麻呂の発想」『万葉の発想』所収　一九七七年　桜楓社

第二章

（1）三宅和朗『記紀神話の成立』一五頁～二〇頁　一九八四年　吉川弘文館
（2）上田正昭「王権と祭祀」『古代伝承史の研究』所収　一九九一年　塙書房
（3）黛弘道「『日本書紀』と藤原不比等」『律令国家成立史の研究』所収　一九八二年　吉川弘文館
（4）三品彰英「記紀の神話体系」『三品彰英論文集　第一巻』所収　一九七三年　平凡社
（5）倉野憲司『古事記全註釈　第四巻』三七頁～三八頁　一九七七年　三省堂
（6）松前健「大嘗祭と記紀神話」『松前健著作集　第六巻』所収　一九九八年　おうふう
（7）大林太良『東アジアの王権神話』二〇頁　一九八四年　弘文堂
（8）西宮一民「神名の釈義」『新潮日本古典集成・古事記』所収　一九七九年　新潮社
（9）上田正昭「日本神話」『上田正昭著作集　4』所収　一九九九年　角川書店
（10）小林達雄「縄文ランドスケープ」『縄文ランドスケープ』所収　二〇〇二年　有朋書院

(11)太田原潤「三内丸山遺跡の六本柱は建物か」『東アジアの古代文化』一〇六号　二〇〇一年　大和書房
(12)原田大六『実在した神話』四五頁・一五六頁　一九六六年　学生社
(13)渡辺正気「平原弥生古墳出土の玉類について」『平原遺跡─前原市文化財報告書・第七〇集』所収　二〇〇〇年　前原市教育委員会
(14)ジェラルド・S・ホーキンズ『巨石文明の謎』二三八頁　一九七五年　大陸書房
(15)柳田康雄『伊都国を掘る』一六〇頁～一六四頁　二〇〇〇年　大和書房
(16)西郷信綱『古事記注釈　第二巻』二四頁　一九七六年　平凡社
(17)倉塚曄子「斎宮論」『巫女の文化』所収　一九七九年　平凡社
(18)直木孝次郎「天照大神と伊勢神宮の起源」『古代王権の祭祀と神話』所収　一九七八年　塙書房
(19)岡田精司「伊勢神宮の成立と古代王権」『古代祭祀の史的研究』所収　一九九二年　塙書房
(20)上田正昭「神宮の原像」『伊勢の大神』所収　一九八八年　筑摩書房
(21)筑紫申真「皇大神宮の成立」『アマテラスの誕生』所収　一九七一年　秀英出版
(22)岡田精司「大王就任儀礼の原形とその展開」注19前掲書所収
(23)直木孝次郎『持統天皇』二四九頁　一九六〇年　吉川弘文館
(24)梅原猛『黄泉の王』一三六頁～一三七頁　一九七三年　新潮社
(25)神田秀夫「人麻呂歌集と人麻呂伝」一〇二頁　一九六五年　塙書房

第三章

（1）上田正昭「古事記こそ日本文化の原像」（上田正昭・梅原猛の対談）「芸術新潮」六月号　二〇一二年　新潮社
（2）大和岩雄「太安万侶は『古事記』の編者か―太安万侶の墓誌出土に関連して」読売新聞一九七九年一月二十三日号　学芸欄
（3）大和岩雄「太安万侶と多人長―墓誌は序文の正当性を実証したか」毎日新聞一九七九年二月十七日号　学芸欄
（4）大和岩雄「太安万侶の墓誌発見と偽書説――墓誌は序文の正当性を実証したという批判に答える――」「歴史と人物」一九七九年四月号　中央公論社
（5）徳光久也「鉄剣文と墓誌銘」『古事記年報　二三』所収　一九八一年　古事記学会
（6）大和岩雄「太安万侶の墓誌と『古事記』序文」『古事記年報　二四』所収　一九八二年　古事記学会
（7）西宮一民「古事記序文の成立について」「国学院雑誌」一九六五年四月号
（8）西宮一民「古事記の成立―序文に関して」『古事記の成立』所収　一九九七年　高科書房
（9）大和岩雄「西宮一民氏の『古事記』論考批判」「東アジアの古代文化」一三二号　二〇〇七年　大和書房
（10）太田亮『姓氏家系大辞典　第一巻』一三四三頁　一九六三年　角川書店

第四章

(1) 西宮一民『古事記の研究』八〇頁~八五頁　一九九三年　おうふう
(2) 西宮一民　注1前掲書所収　八一頁
(3) 西宮一民『日本上代の文章と表記』一一六頁　一九七〇年　風間書房
(4) 山上伊豆母「オホ氏とその伝承――『多氏古事記』をめぐって――」『日本書紀研究　第五冊』所収　一九七一年　塙書房
(5) 筏勲『上代日本文学論集―古事記・歌経標式偽書説と万葉集』一五八頁　一九五五年（私家版）
(6) 筏勲『古事記偽書説は根拠薄弱であるか』「国語と国文学」一九六二年六月号・七月号
(7) 小野田光雄「琴歌譜引用の古事記について」「国語と国文学」一九五三年十一月号
(8) 武田祐吉「万葉集校定の研究」『武田祐吉著作集　第六巻』所収　一九七四年　角川書店
(9) 梅沢伊勢三『記紀批判』四七七頁　一九六二年　創文社
(10) 山上伊豆母「神話から神楽へ――楽家多氏の成立――」『日本芸能の起源』所収　一九七七年　大和書房
(11) 伊丹末雄「原万葉集編纂の企図」『万葉集成立考』所収　一九七二年　図書刊行会
(12) 伊藤博「歌人と宮廷」『万葉集と歌人と生活（上）』所収　一九七五年　塙書房
(13) 梅沢伊勢三「平安時代における古事記」『続記紀批判』所収　一九七六年　創文社
(14) 中沢見明「古事記と日本紀・弘仁私記序」『古事記論』所収　一九二九年　雄山閣
(15) 鳥越憲三郎「『弘仁私記』をめぐって」『古事記は偽書か』所収　一九七一年　朝日新聞社

第五章

(1) 藪田嘉一郎「古事記序文考」『日本古代史論叢』所収 一九六〇年 吉川弘文館
(2) 山田孝雄『古事記序文講義』一五五頁 一九三五年 塩竈神社
(3) 倉野憲司『古事記全註釈 第一巻』一八六頁 一九七三年 三省堂
(4) 西郷信綱『古事記注釈 第三巻』四二一頁 一九八八年 平凡社
(5) 松本清張『古代探求』七一頁 一九七四年 文芸春秋社
(6) 松本清張 注5前掲書所収 七二頁
(7) 友田吉之助『日本書紀成立の研究』六一一頁〜六一三頁 一九六九年 風間書房
(8) 友田吉之助「古事記の成立と序文の暦日」『論集 古事記の成立』所収 一九七七年 大和書房
(9) 折口信夫「上世日本の文学 第四古事記(一、稗田阿礼)」『折口信夫全集 第十二巻』所収 一九六六年 中央公論社
(10) 日本歴史地名大系 30『奈良県の地名』四八八頁 一九八一年 平凡社
(11) 西郷信綱「稗田阿礼――古事記はいかにして成ったか――」『古事記研究』所収 一九七三年 未来社
(12) 田中卓「伊勢神宮の創祀と発展」『田中卓著作集 4』所収 一九八五年 国書刊行会
(13) 西田長男「稗田阿礼――男性? 女性?――」「国学院雑誌」一九五八年十月・十一月号
(14) 三谷栄一「古事記の成立と氏女・采女の伝承――稗田阿礼女性論再考序説――」「国学院雑誌」一九六二年九月号

(15) 上田正昭「神楽の命脈」『日本の古典芸能　第一巻』所収　一九六九年　平凡社
(16) 松前健「内侍所神楽の成立」『古代伝承と宮廷祭祀』所収　一九七四年　塙書房
(17) 土橋寛『古代歌謡と儀礼の研究』二二一頁〜二二二頁　一九六五年　岩波書店
(18) 折口信夫『折口信夫全集　第一巻』一五五頁　一九六五年　中央公論社
(19) 折口信夫「雅楽寮と大歌所と」『折口信夫全集　第一巻』所収　一九六五年　中央公論社
(20) 林屋辰三郎「大歌所の成立」『中世芸能史の研究』所収　一九六〇年　岩波書店
(21) 直木孝次郎『壬申の乱』九六頁　一九六一年　塙書房
(22) 上田正昭「和風諡号と神代史」『上田正昭著作集　2』所収　一九九八年　角川書店

第六章

(1) 大野晋「日本書紀の清濁表記」『上代仮名遣の研究』所収　一九五二年　岩波書店
(2) 小林芳規「古事記の用字法と訓読の方法」「文学」一九七一年十二月号
(3) 西宮一民「太安万侶の文字表記の考察」『古事記の研究』所収　一九九三年　おうふう
(4) 西條勉「偽書説後の上表文——成立の根底に向けて——」『古事記の成立』所収　一九九七年　高科書房
(5) 板垣俊一「多氏と古事記」『古事記年報　二一』所収　一九七六年　古事記学会
(6) 西宮一民「古事記の仮名モの意図」『日本上代の文章と表記』所収　一九七〇年　風間書房
(7) 西宮一民『古事記』解説　一九七九年　新潮社
(8) 岸俊男「古代村落と郷里制」『日本古代籍帳の研究』所収　一九七三年　塙書房

（9）野村忠夫「奈良時代の政治過程」『岩波講座　日本歴史　3』所収　一九七六年
（10）井上辰雄「大倭国正税帳をめぐる諸問題」『正税帳の研究』所収　一九六七年　塙書房
（11）梅沢伊勢三「平安時代における古事記」『続記紀批判』所収　一九七六年　創文社
（12）大野晋　日本古典文学大系『日本書紀　上』解説（三・訓読）一九六七年　岩波書店
（13）中沢見明「古事記と日本紀・弘仁私記序」『古事記論』所収　一九二九年　雄山閣
（14）鳥越憲三郎「『弘仁私記』をめぐって」『古事記は偽書か』所収　一九七一年　朝日新聞社
（15）神田秀夫「動揺する古事記の成立――序文の解釈をめぐって――」「国文学――解釈と鑑賞――」一九六四年一月号
（16）神田秀夫「太ノ安万侶の『勲五等』について」『古事記年報　二〇』所収　一九七八年　古事記学会
（17）神野志隆光「分注」『古事記の達成』所収　一九八三年　東京大学出版会
（18）西宮一民　注3前掲書所収　一六〇頁
（19）折口信夫「稗田阿禮――古事記の成立（三）」『折口信夫全集　ノート編　第二巻』所収　一九七〇年　中央公論社
（20）西郷信綱『古事記注釈　第一巻』六五頁　一九七五年　平凡社
（21）川副武胤「古事記の成立に関する試論（一）」『古事記年報　一』所収　一九七八年　古事記学会
（22）毛利正守「古事記の音注について（下）」「芸林」一八巻二号
（23）西田長男「曾富理神」「宗教研究」一八四号

あとがき

二〇〇九年四月に刊行した『新版・古事記成立考』は、版を重ねているが、執筆後に新知見があり、上田正昭の批判もあったので、本書を書くことにした。江戸時代から『古事記』の成立を疑う説があり、昭和に入っても、

中沢見明・折口信夫・松本雅明・筏勲・藪田嘉一郎・神田秀夫・西田長男・左田吉之助・鳥越憲三郎・松本清張・三浦佑之

の序文偽書説があり、序文が書く和銅五年成立以降でなければならない表記・文章があると指摘する論者に、

原田敏明・太田善麿・梅沢伊勢三・高木市之助・倉塚曄子・吉井巌・川副武胤・西郷信綱

が居る。これらの論者の見解については、拙著『新版・古事記成立考』の第二章・第三章でその説を一つ一つ紹介し、「付録」にも「『古事記』の成立を疑う諸説一覧」を

示して詳論した。これら現存『古事記』の成立を疑う論者たちは、日本古代史研究の学者でなく、多くが国文学者・言語学者であり、私のようなアマチュアでは、中沢見明・藪田嘉一郎・松本清張が居る。私は『新版・古事記成立考』の序文で、この著書は松本清張のはげましを受けて書いたと書き、序文の末尾に次のように書いた。

松本さんは、大学教授という肩書に畏敬の目と反潑の心をもっていた。そのことは、私に語った話題からもいえるし、在野の考古学者の森本六爾を主人公にした初期の小説からもうかがえる。森本六爾の縄文農耕論は今では通説化しているが、松本さんが私の古事記研究を応援してくださり、有力出版社からの出版の労をとるとおっしゃったのも、私が専門の学者でなかったからである（『古事記傳』の著者の本居宣長も、小児科の医者であった）。

松本清張の激励を受けてから三十年たって、ようやく新版の『古事記成立考』を書きあげた。

拙著を、今は亡き松本清張の霊前に、つつしんでささげる。

このように前著の序文に私は書いたが、本書もまた松本さんに読んでほしかった。

本書では上田正昭論考を批判したが、先生には私だけでなく息子まで、公私にわたってお世話になり、現在病床にある先生の論考を批判する事に躊躇したが、学問上の論争として、お許しいただければ幸である。

私見は『古事記』序文を偽作と主張しているのであって、『古事記』本文は天武・持統朝の内廷（後の「後宮」）で編纂された、わが国最古の古典という主張である（本文の表記や本文の一部に手が加えられているが）。そのことをより広く知ってほしいと願って、本書を刊行した。

二〇一三年二月十五日　八十五歳の誕生日に

大和岩雄

『古事記《こじき》』成立《せいりつ》の謎《なぞ》を探《さぐ》る

二〇一三年三月三〇日　初版発行

著　者　大和岩雄《おおわいわお》

発行者　佐藤靖
発行所　大和《だいわ》書房
東京都文京区関口一—三三—四
電話〇三—三二〇三—四五一一
装　幀　小口翔平（tobufune）
印刷所　信毎書籍印刷
製本所　ナショナル製本

ISBN978-4-479-84076-3

大和岩雄

新版
古事記成立考

『古事記』の本質とは何か？
成立の根源を問う。

目次より

『古事記』偽書説をめぐって／『古事記』に新しい表記・記事を指摘する説／旧版『古事記成立考』への批判と反論／上代特殊仮名遣は古さの証明にはならない／現存『古事記』の新しさを示す表記の検証／稗田阿礼は実在しない／太安万侶は『古事記』撰録者ではない／『古事記』に載る平安時代初期の記事／『古事記』に載る平安時代のオホ氏関係記事／さまざまな異本『古事記』／女性・母性的視点で書かれた原『古事記』／原『古事記』と仲臣のオホ氏とワニ氏／原『古事記』とオホ氏・尾張氏・大海氏／原『古事記』成立時期と息長氏／『弘仁私記』序と『姓氏録』と『古事記』／現存『古事記』を世に出した理由／『古事記』の本質とはなにか

三版出来　５０４０円